S. Gayathri

Extração de dados e armazenamento de dados

S. Gayathri

Extração de dados e armazenamento de dados

Conceitos e práticas

ScienciaScripts

Imprint

Any brand names and product names mentioned in this book are subject to trademark, brand or patent protection and are trademarks or registered trademarks of their respective holders. The use of brand names, product names, common names, trade names, product descriptions etc. even without a particular marking in this work is in no way to be construed to mean that such names may be regarded as unrestricted in respect of trademark and brand protection legislation and could thus be used by anyone.

Cover image: www.ingimage.com

This book is a translation from the original published under ISBN 978-620-7-45290-3.

Publisher:
Sciencia Scripts
is a trademark of
Dodo Books Indian Ocean Ltd. and OmniScriptum S.R.L publishing group

120 High Road, East Finchley, London, N2 9ED, United Kingdom
Str. Armeneasca 28/1, office 1, Chisinau MD-2012, Republic of Moldova, Europe
Printed at: see last page
ISBN: 978-620-8-03745-1

Conteúdo

CAPÍTULO I

Armazém de dados

O que é um Data Warehouse?

A armazenagem de dados fornece arquitecturas e ferramentas para que os executivos organizem, compreendam e utilizem sistematicamente os seus dados para tomar decisões estratégicas. Os sistemas de armazenamento de dados são ferramentas valiosas no mundo competitivo e em rápida evolução dos dias de hoje. Nos últimos anos, muitas empresas gastaram milhões de dólares na construção de armazéns de dados a nível empresarial. Muitas pessoas consideram que, com o aumento da concorrência em todos os sectores, o armazenamento de dados é a mais recente arma de marketing indispensável - uma forma de reter os clientes, conhecendo melhor as suas necessidades.

"Então, o que é exatamente um armazém de dados?

"Os armazéns de dados têm sido definidos de muitas formas, o que dificulta a formulação de uma definição rigorosa. Em termos gerais, um armazém de dados refere-se a um repositório de dados que é mantido separadamente das bases de dados operacionais de uma organização. Os sistemas de data warehouse permitem a integração de uma variedade de sistemas de aplicação. Apoiam o processamento de informações, fornecendo uma plataforma sólida de dados históricos consolidados para análise.

Definição

De acordo com William H. Inmon, um arquiteto líder na construção de sistemas de armazém de dados, "um armazém de dados é uma coleção de dados orientada para um assunto, integrada, variável no tempo e não volátil, que serve de apoio ao processo de tomada de decisões da gestão". Esta definição curta mas abrangente apresenta as caraterísticas do trabalho de um armazém de dados. As quatro palavras-chave - orientado para o assunto, *integrado, variável no tempo* e *não volátil* - distinguem os armazéns de dados de outros sistemas de repositório de dados, como os sistemas de bases de dados relacionais, os sistemas de processamento de transacções e os sistemas de ficheiros.

História do Data Warehousing

A abordagem tradicional à integração de bases de dados heterogéneas consiste em criar invólucros e integradores (ou mediadores) sobre bases de dados múltiplas e heterogéneas. Quando uma consulta é colocada a um sítio cliente, é utilizado um dicionário de metadados para traduzir a consulta em consultas adequadas aos sítios heterogéneos individuais envolvidos. Estas consultas são então mapeadas e enviadas para os processadores de consultas locais. Os resultados devolvidos pelos diferentes sítios são integrados num conjunto global de respostas. Esta abordagem orientada para a consulta requer processos complexos de filtragem e integração de informação e compete com os sítios locais pelos recursos de processamento. É ineficiente e potencialmente dispendiosa para consultas frequentes, especialmente para consultas que exigem agregações.

O armazenamento de dados constitui uma alternativa interessante a esta abordagem tradicional. Em vez de utilizar uma abordagem orientada para a consulta, o armazenamento de dados utiliza uma abordagem orientada para a atualização, em que a informação de fontes múltiplas e heterogéneas é integrada antecipadamente e armazenada num armazém para consulta e análise diretas. Ao contrário das bases de dados de processamento de transacções em linha, os armazéns de dados não contêm as informações mais actuais. No entanto, um armazém de dados proporciona um elevado desempenho ao sistema de base de dados heterogéneo integrado, uma vez que os dados são copiados, pré-processados, integrados, anotados, resumidos e reestruturados num armazém de dados semântico.

Além disso, o processamento de consultas em armazéns de dados não interfere com o processamento em fontes locais. Além disso, os armazéns de dados podem armazenar e integrar informações históricas e suportar consultas complexas e multidimensionais. Consequentemente, o armazenamento de dados tornou-se popular na indústria.

<u>Caraterísticas.</u>

Orientado por assunto: Um armazém de dados está organizado em torno de temas importantes, como clientes, fornecedores, produtos e vendas. Em vez de se concentrar nas operações diárias e no processamento de transacções de uma organização, um armazém de dados concentra-se na modelação e análise de dados para os decisores. Assim, os armazéns de dados fornecem normalmente uma visão simples e concisa de questões específicas, excluindo dados que não são úteis no processo de apoio à decisão.

Integrado: Um armazém de dados é normalmente construído através da integração de múltiplas fontes heterogéneas, tais como bases de dados relacionais, ficheiros simples e registos de transacções em linha. As técnicas de limpeza e integração de dados são aplicadas para garantir a consistência nas convenções de nomenclatura, estruturas de codificação, medidas de atributos e logo.

Variante no tempo: Os dados são armazenados para fornecer informações a partir de uma perspetiva histórica (por exemplo, os últimos 5-10 anos). Cada estrutura-chave no data warehouse contém, implícita ou explicitamente, um elemento temporal. **Não volátil:** um data warehouse é sempre um armazenamento de dados fisicamente separado, transformado a partir dos dados da aplicação encontrados no ambiente operacional. Devido a esta separação, um data warehouse não necessita de mecanismos de processamento de transacções, recuperação e controlo de concorrência. Normalmente, requer apenas duas operações no acesso aos dados: *o carregamento inicial dos dados* e *o acesso aos dados*.

<u>Caraterísticas do Data Warehousing</u>

Em suma, um data warehouse é um armazenamento de dados semanticamente consistente que serve como implementação física de um modelo de dados de apoio à decisão. Armazena a informação de que uma empresa necessita para tomar decisões estratégicas. Um armazém de dados também é frequentemente visto como uma arquitetura, construída através da integração de dados de várias fontes heterogéneas para suportar consultas estruturadas e/ou adhoc, relatórios analíticos e tomada de decisões. Com base nesta informação, consideramos a armazenagem de dados como o processo de construção e utilização de armazéns de dados. A construção de um armazém de dados requer a limpeza, integração e consolidação de dados. A utilização de um armazém de dados necessita frequentemente de um conjunto de tecnologias *de apoio à decisão*. Isto permite que os "trabalhadores do conhecimento" (por exemplo, gestores, analistas e executivos) utilizem o armazém para obter rápida e convenientemente uma visão geral dos dados e para tomar decisões sólidas com base nas informações contidas no armazém. Alguns autores utilizam o termo *data warehousing* para se referirem apenas ao processo de *construção* do data warehouse, enquanto o termo *warehouse DBMS* é utilizado para se referir à *gestão e utilização* de data warehouses. Não faremos esta distinção aqui.

"Como é que as organizações estão a utilizar as informações dos armazéns de dados?"

Muitas organizações utilizam esta informação para apoiar as actividades de tomada de decisões empresariais, incluindo o aumento da orientação para o cliente, que inclui a análise dos padrões de compra dos clientes, tais como a preferência de compra, o tempo de compra, os ciclos orçamentais e a apetência para gastar o reposicionamento de produtos e a gestão de portfólios de produtos, comparando o desempenho das vendas por trimestre, por ano e por regiões geográficas, a fim de afinar as estratégias de produção, analisando as operações e procurando fontes de lucro, e gerindo as relações com os clientes, fazendo correcções ambientais e gerindo o custo dos activos da empresa.

O armazenamento de dados é também muito útil do ponto de vista da *integração de bases de dados heterogéneas*. Normalmente, as organizações recolhem diversos tipos de dados e mantêm grandes bases de dados provenientes de fontes de informação múltiplas, heterogéneas, autónomas e distribuídas. É altamente desejável, mas difícil, integrar esses dados e proporcionar um acesso fácil e eficiente aos mesmos. A indústria de bases de dados e a comunidade de investigação têm feito um grande esforço para atingir este objetivo.

Objetivo do Data Warehousing

Tornar a informação de uma organização facilmente acessível

O conteúdo do armazém de dados deve ser compreensível, intuitivo e óbvio para o utilizador comercial. Os conteúdos do armazém de dados têm de ser rotulados de forma significativa. As ferramentas que acedem ao armazém de dados devem ser simples e fáceis de utilizar. Devem também devolver os resultados da consulta ao utilizador com tempos de espera mínimos.

Apresentar a informação da organização de forma consistente

Informação consistente significa informação de alta qualidade. Significa que todos os dados são contabilizados e estão completos. A consistência também implica que os utilizadores disponham de definições comuns para o conteúdo do armazém de dados.

Ser adaptável e resiliente à mudança

Simplesmente não podemos evitar a mudança. As necessidades dos utilizadores, as condições comerciais, os dados e a tecnologia estão todos sujeitos às mudanças do tempo. O armazém de dados deve ser concebido para lidar com esta mudança inevitável.

Ser um bastião seguro que protege os nossos activos de informação

O armazém de dados deve controlar eficazmente o acesso à informação confidencial da organização.

Servir de base para uma melhor tomada de decisões

O armazém de dados deve conter os dados corretos para apoiar a tomada de decisões.

Princípios de armazenamento de dados

Um armazém bem mantido facilita aos utilizadores a procura de conjuntos de dados relevantes e responde às suas próprias perguntas. Embora não haja substituto para uma documentação de dados realmente boa, a aplicação de convenções consistentes contribui muito para capacitar os utilizadores finais. Cinco princípios que consideramos verdadeiros em qualquer armazém bem conservado:

1. Utilizar esquemas para agrupar objectos de forma lógica
2. Utilizar nomes consistentes e significativos para os objectos num armazém
3. Utilize um utilizador separado para cada ser humano e aplicação que se ligue ao seu armazém de dados
4. Conceder privilégios de forma sistemática; e
5. Limitar o acesso aos privilégios de superutilizador.

1. Utilizar esquemas para agrupar objectos de forma lógica

Os esquemas devem ser utilizados para agrupar logicamente os objectos, à semelhança da utilização de diretórios para organizar ficheiros. Dentro de um único esquema:

- Todas as relações (ou seja, tabelas, vistas) devem ser criadas pelo mesmo processo.

- Todas as relações devem ter a mesma propriedade.
- A todas as relações devem ser aplicados os mesmos privilégios (ver abaixo).

Temos tendência a fazê-lo:

- **Não** utilizar o esquema público.
- **Para fontes de dados:** Utilize um esquema com um nome significativo por fonte de dados (por exemplo, stripe ou zen desk). No Snowflake, costumamos agrupá-los em um banco de dados bruto, enquanto no Redshift, podemos prefixar todos os esquemas de fonte de dados com "raw", por exemplo, raw_stripe.
- **Para transformações de produção** que devem ser consultadas por uma ferramenta de BI: agrupar modelos por área de negócio, por exemplo, núcleo (para modelos de dados partilhados), marketing ou finanças.
- **Para transformações de desenvolvimento**: Agrupar modelos com base no seu proprietário, por exemplo, num esquema denominado dbt_claire.

2. Utilizar nomes consistentes e significativos para os objectos num armazém

Num armazém de dados, há muitos objectos a nomear - bases de dados, esquemas, relações, colunas, utilizadores e funções partilhadas. No Snowflake, há ainda mais objectos para nomear - armazéns (ou seja, recursos de computação), fases e condutas, por exemplo.

A utilização de padrões de nomenclatura consistentes ajuda a reduzir o número de decisões a tomar ao criar objectos e pode facilitar a compreensão da estrutura do seu armazém por parte do utilizador. Dito isto, podem ir longe demais! Já vi alguns armazéns que implementam tantas convenções que se tornam **difíceis** de navegar, a menos que se conheçam as regras (por exemplo, d_account_v.f_active em vez de accounts.is_active). Como tal, também é importante considerar se os seus nomes são significativos. Alguns dos padrões que usamos ao nomear objetos em um warehouse incluem:

- Utilizando prefixos e sufixos para comunicar padrões, por exemplo, todas as colunas de carimbo de data/hora terminam em _at, todas as tabelas de dimensão começam com dim_ e as colunas de metadados começam com um sublinhado à esquerda.
- Favorecer a legibilidade em vez da brevidade, por exemplo, customer_account_id em vez de cust_acc_id.
- Utilizar apenas snake_case para os nomes.

Depois de os utilizadores terem definido as suas práticas de atribuição de nomes, recomendamos que as codifiquem em convenções e as partilhem com todos os utilizadores do seu armazém. Escrevemos as nossas convenções de nomenclatura específicas nas nossas convenções de codificação dbt.

3. Utilize um utilizador separado para cada ser humano e aplicação que se ligue ao seu armazém de dados

- **Utilizador**: um único conjunto de credenciais de início de sessão.
- **Função partilhada**: Um grupo (no Redshift) ou função (no Postgres ou Snowflake) do qual um utilizador pode ser membro.

Utilizamos sempre um utilizador separado para cada ser humano e aplicação que se liga a um armazém. Nomeamos estes utilizadores de uma forma que faça sentido, com nomes como claire, drew, stitch, fivetran e looker. Isto facilita a gestão do acesso, a depuração quando algo corre mal e a compreensão da linhagem dos dados. As credenciais devem ser armazenadas de forma segura e apenas os administradores devem ter acesso às palavras-passe dos utilizadores de aplicações.

Com tantos utilizadores, pode tornar-se difícil gerir os privilégios. Em vez disso, concedemos privilégios a funções partilhadas (mais sobre isto abaixo), com os utilizadores a herdarem os seus privilégios através da sua filiação na função. Tendemos a criar um pequeno número de funções partilhadas, designadas por carregador, transformador e repórter - mesmo que o seu armazém de dados as permita, as hierarquias de vários níveis para funções partilhadas devem ser evitadas, uma vez que se tornam frequentemente confusas de gerir.

4. Conceder privilégios de forma sistemática

Os armazéns de dados fornecem privilégios de grau fino - podem conceder qualquer combinação dos seguintes privilégios a um utilizador ou a uma função partilhada (na verdade, estes são apenas um subconjunto das suas opções!):

- Numa base de dados: utilização, criar
- Num esquema: utilização, criar
- Numa tabela: selecionar, inserir, atualizar, eliminar, truncar e referências.

Há que encontrar um equilíbrio entre ser demasiado generoso com os privilégios, concedendo todos os privilégios ao grupo público, e ser demasiado restritivo com os privilégios, em que um superutilizador tem de executar uma série de instruções de concessão complexas para cada utilizador que queira executar uma instrução select.

Um esquema de privilégios demasiado permissivo pode levar à ocorrência de erros irreversíveis, enquanto um esquema de privilégios demasiado restritivo pode tornar-se um obstáculo para os utilizadores da base de dados que apenas querem fazer o seu trabalho.

Descobrimos que uma estrutura de privilégios simplificada aplicada a funções partilhadas fornece um nível equilibrado de controlo e é fácil de manter. Em nossos data warehouses, implementamos dois estilos de privilégios:

- read-schema: Capacidade de selecionar a partir de um esquema e de todas as relações nele existentes.
- create-schema: Capacidade de criar um esquema numa base de dados e, por conseguinte, criar relações no seu interior e ter todos os privilégios nessas relações.

Em seguida, concedemos os seguintes privilégios a cada uma das funções partilhadas no nosso armazém:

- **carregador**: create-schema
- **transformador:** read-schema, create-schema
- **reporter:** read-schema (limitado a esquemas transformados)

Os utilizadores devem herdar os seus privilégios através da sua participação nestas funções partilhadas. Este esquema é extremamente fácil de manter - quando um novo utilizador é adicionado ao nosso armazém de dados, apenas precisamos de garantir que são membros das funções partilhadas apropriadas. Da mesma forma, quando um novo esquema é adicionado ao nosso armazém de dados, só precisamos de conceder privilégios às funções partilhadas corretas.

5. Limitar o acesso aos privilégios de superutilizador

Os privilégios de superutilizador (por exemplo, a capacidade de criar utilizadores ou de eliminar relações que não lhe pertencem) devem ser limitados. A menos que executem um comando que exija especificamente estes privilégios elevados, os utilizadores devem utilizar um utilizador/função que **não** tenha estes privilégios.

Em primeiro lugar, limitamos o acesso ao utilizador raiz no Postgres e no Redshift, ou à função de administrador de conta no Snowflake. Apenas partilhamos esta palavra-passe com base na necessidade de conhecimento (mas certifique-se de que não se perde se alguém deixar a organização!)

Além disso, garantimos que os utilizadores utilizam um utilizador não-superior como predefinição. A implementação deste procedimento varia consoante os armazéns de dados, com base na forma como o armazém lida com a herança:

• **Postgres**: Criar uma função separada com privilégios de super-utilizador e conceder a função a cada um

utilizadores conforme necessário. Certifique-se de que esta função **não** tem herança, de modo a que os utilizadores tenham de definir explicitamente a sua função para utilizar os seus privilégios elevados.

• **Redshift**: Crie um usuário separado, <user_name>_super (por exemplo, claire_super) para cada usuário que

requer privilégios de superutilizador (os privilégios de superutilizador só podem ser atribuídos a utilizadores, não a grupos). Por defeito, os utilizadores devem ligar-se ao armazém com as suas credenciais de não-superutilizador.

• **Floco de neve**: Criar uma função separada com privilégios de superutilizador e concedê-la aos utilizadores necessários.

Definir a função predefinida de cada utilizador para uma função **diferente** da função de superutilizador.

Necessidade de um armazém de dados

Durante a década de 1990, registaram-se grandes mudanças culturais e tecnológicas. A popularidade da Internet cresceu. A concorrência aumentou devido aos novos acordos de comércio livre, à electronicização, à globalização e à criação de redes. Esta nova realidade exigiu uma maior inteligência empresarial, o que levou à necessidade de um verdadeiro armazém de dados.

Em 2000, muitas empresas descobriram que, à medida que as bases de dados e os sistemas de aplicação proliferavam, os seus sistemas estavam mal integrados e os seus dados eram inconsistentes. Deram por si a receber e a armazenar uma grande quantidade de dados fragmentados. De alguma forma, os dados precisavam de ser integrados para fornecer a "inteligência empresarial" crítica necessária para tomar decisões numa economia global competitiva e em constante mudança. As empresas desenvolveram armazéns de dados para consolidar os dados que recebiam de várias bases de dados e ajudá-las a tomar decisões estratégicas.

Utilização de NoSQL

Com o aparecimento dos armazéns de dados, a acumulação de grandes volumes de dados começou a evoluir. Esta acumulação exigiu o desenvolvimento de computadores, telemóveis inteligentes, a Internet e a Internet das Coisas para fornecer dados. Os cartões de crédito e as redes sociais também desempenharam um papel importante.

O Facebook começou a utilizar o NoSQL em 2008. O NoSQL é um sistema de gestão de bases de dados "não relacional" com uma arquitetura relativamente simples. É bastante útil no processamento de grandes conjuntos de dados. Os sistemas de bases de dados NoSQL eram diversos e, embora os sistemas SQL tenham normalmente mais flexibilidade do que os sistemas NoSQL, a falta (embora isto tenha mudado recentemente) de escalabilidade no SQL dá aos sistemas NoSQL uma vantagem decisiva. As bases de dados não relacionais (ou NoSQL) utilizam dois novos conceitos: o escalonamento horizontal (distribuição do armazenamento e do trabalho) e a eliminação da necessidade de uma linguagem de consulta estruturada para organizar os dados. As bases de dados NoSql evoluíram gradualmente para incluir uma grande variedade de modelos diferentes. Hadoop e Cassandra são dois exemplos das mais de 225 bases de dados de estilo NoSQL disponíveis.

Benefícios do armazém de dados

Algumas das vantagens do armazenamento de dados que podem ajudar a sua empresa a crescer e a expandir-se.

1. Manter a qualidade e a coerência dos dados

Os seus dados na nuvem não têm grande utilidade para a sua organização se forem de má qualidade e inconsistentes. Um armazém de dados pode melhorar a qualidade e a consistência dos dados provenientes de várias fontes, desde que os erros sejam corrigidos na fase de transformação antes de carregar os dados para o armazém de dados.

Esta fase preparatória (a parte de transformação do processo ETL) inclui a remoção de registos duplicados, a colocação de todos os dados num formato normalizado e a correção de dados desactualizados. Quando o seu armazém de dados armazena informações limpas e de alta qualidade, sabe que está a utilizar o seu investimento em todo o seu potencial.

Vejamos um exemplo prático.

Um representante do serviço de apoio ao cliente pode não conseguir contactar os clientes sobre produtos defeituosos e recolhas de produtos porque não tem dados sobre esses indivíduos. Por outro lado, se um armazém de dados contiver uma elevada percentagem de registos duplicados, o mesmo representante do serviço de apoio ao cliente poderá ter dados incorrectos sobre os clientes ou as vendas.

Em ambos os casos, um armazém de dados pode ser utilizado para criar um quadro de qualidade a seguir por todas as equipas e disponibilizar dados comerciais actualizados regularmente a todos os utilizadores que deles necessitem.

2. Combinar dados de diversas fontes

À medida que os diferentes departamentos criam novos dados, é necessário um armazenamento central de dados para os manter num único local. O serviço de apoio ao cliente, por exemplo, pode ter informações sobre o número de pessoas que os contactam sobre questões específicas todos os meses. Por outro lado, o departamento de marketing tem provavelmente dados sobre os resultados de campanhas específicas, por exemplo, se ficaram aquém das expectativas ou se foram bem sucedidas.

Mesmo dentro de cada departamento, os dados podem estar em várias plataformas, impedindo uma visão consolidada.

Utilizando um armazém de dados, as empresas podem combinar dados de todos esses processos empresariais e torná-los mais úteis para os decisores. O acesso imediato às informações recolhidas em toda a organização também minimiza as inconsistências que ocorrem se as equipas não tiverem dados unificados.

Num mundo orientado por dados, a liderança não se pode dar ao luxo de tomar uma decisão sem informações de todos os departamentos afectados. Ao fazê-lo, podem chegar a conclusões erróneas que comprometem o resultado e colocam a organização em risco que poderia ser evitado.

3. Eliminar os silos de dados

Longe vão os dias em que se tomavam decisões com base em instintos e palpites. Atualmente, os líderes empresariais precisam de dados actualizados para determinar as escolhas a fazer, e os dados actualizados de várias fontes são fornecidos por um armazém de dados.

A gestão eficaz dos dados é impossível sem eliminar os silos de dados - situações em que os departamentos individuais controlam a maior parte da respectiva informação. Um armazém de dados pode evitar esses casos, facilitando aos utilizadores finais a obtenção das informações de que necessitam sem terem de recorrer a outros departamentos para as obter.

Se os utilizadores puderem ir diretamente a um local para obter as informações necessárias e souberem que estas são actualizadas regularmente, sentir-se-ão mais confiantes ao utilizá-las para tomar decisões que afectam o futuro da empresa.

4. Permitir a automatização do negócio

O armazenamento de dados permite às empresas experimentar diferentes formas de automatização. A automatização de diferentes passos dentro da organização pode evitar erros dispendiosos e acelerar os fluxos de trabalho.

Por exemplo, podem utilizar fluxos de trabalho definidos por software para automatizar a extração e transferência de dados, reduzindo o tempo necessário para recolher, processar e visualizar informações para os intervenientes.

Por exemplo, com um gráfico, pode automatizar cada transferência de dados para o seu armazém de dados, programando a frequência de carregamento de dados e colocando todo o processo em piloto automático.

As empresas podem também automatizar a análise de dados e descobrir informações mais rapidamente do que antes. Quando os utilizadores têm conhecimento atempado de potenciais problemas, podem começar a localizar as causas de raiz mais cedo. E com as informações de diferentes fontes de dados prontamente disponíveis num armazém de dados, todas as iniciativas de automatização são muito mais fáceis de implementar.

5. Saiba mais sobre os seus clientes

Hoje em dia, é compreensível e expetável que as empresas ofereçam aos seus clientes conteúdos personalizados. Desta forma, as marcas aumentam as hipóteses de as pessoas passarem mais tempo a interagir com um serviço ou website ou de as levar a gastar mais dinheiro em produtos.

Para algumas empresas, as recomendações personalizadas são uma parte essencial do seu modelo de negócio. Por exemplo, a maioria dos utilizadores da Netflix escolhe o que ver depois de o algoritmo do serviço sugerir conteúdos com base em escolhas anteriores. O resultado final é que, se os subscritores gostarem do que consomem, é mais provável que continuem a subscrever o serviço e que tenham uma experiência globalmente fantástica de utilização da Netflix para entretenimento.

6. Obter informações históricas sobre a sua atividade comercial

Ter as informações mais actuais sobre um aspeto específico da sua empresa é valioso, mas continua a ser apenas uma parte do quadro. Os decisores precisam frequentemente de ver como a organização mudou ao longo do tempo e utilizar essas informações para fazer previsões mais inteligentes e como as diferentes implementações afectaram o retorno do investimento.

Os armazéns de dados podem conter informações históricas, permitindo aos utilizadores empresariais obter as informações necessárias através de algumas consultas. Utilizando uma ferramenta de visualização de data warehouse de fácil utilização, como um gráfico, os executivos podem até obter as métricas sem qualquer apoio das equipas de TI. Esta capacidade melhora a produtividade e mantém o fluxo de trabalho a funcionar sem problemas.

7. Aumentar a segurança dos dados

Como uma empresa que lida regularmente com dados de clientes, a sua primeira prioridade é proteger as informações dos clientes actuais e potenciais. No entanto, manter as informações em vários locais torna as questões de segurança de dados ainda mais difíceis. A utilização de PTaaS pode ajudar a resolver estes desafios de forma eficaz. Uma vez que um armazém de dados permite armazenar dados num único local, os dados tornam-se mais visíveis para a sua equipa de cibersegurança, para que esta possa planear a forma de os proteger.

A maioria dos armazéns de dados também possui funcionalidades de segurança incorporadas que podem bloquear o código SQL prejudicial de ataques externos. Outros restringem a quantidade de dados que uma pessoa pode ver de cada vez, reduzindo as hipóteses de utilizar o conteúdo para fins não autorizados.

Por fim, as organizações também podem especificar quais as pessoas que podem aceder ao conteúdo do data warehouse e porquê. Como resultado, os utilizadores só podem ver informações diretamente relacionadas com a sua função ou tarefa. Além disso, alguns armazéns de dados podem até bloquear os utilizadores se estes tentarem aceder a partir de locais pouco habituais, dificultando o acesso de intrusos.

Necessidade de um armazém de dados separado

Uma vez que as bases de dados operacionais armazenam grandes quantidades de dados, pode perguntar-se: *"Porque não realizar o processamento analítico em linha diretamente nessas bases de dados em vez de gastar tempo e recursos adicionais para construir um armazém de dados separado?"* Uma das principais razões para essa separação é ajudar a promover o *elevado desempenho de ambos os sistemas*. Uma base de dados operacional é concebida e ajustada a partir de tarefas e cargas de trabalho conhecidas, como a indexação e o hashing utilizando chaves primárias, a pesquisa de registos específicos e a otimização de consultas "enlatadas". Por outro lado, as consultas de data warehouse são frequentemente complexas. Envolvem o cálculo de grandes grupos de dados a níveis resumidos e podem exigir a utilização de métodos especiais de organização, acesso e implementação de dados baseados em vistas multidimensionais. O processamento de consultas OLAP em bases de dados operacionais degradaria substancialmente o desempenho das tarefas operacionais.

Além disso, uma base de dados operacional suporta o processamento simultâneo de múltiplas transacções. São necessários mecanismos de controlo da concorrência e de recuperação (por exemplo, bloqueio e registo) para garantir a coerência e a robustez das transacções. Uma consulta OLAP necessita frequentemente de acesso só de leitura aos registos de dados para efeitos de resumo e agregação. Os mecanismos de controlo da simultaneidade e de recuperação, se aplicados a essas operações OLAP, podem facilitar a execução de transacções simultâneas e, assim, reduzir substancialmente o tempo de execução de um sistema OLTP.

Por último, a separação entre bases de dados operacionais e armazéns de dados baseia-se nas diferentes estruturas, conteúdos e utilizações dos dados nos sistemas definidos. Prioridade de decisão alto desempenho, alta disponibilidade, alta flexibilidade, autonomia do utilizador final, transação métrica através de consulta através de consulta, suporte do tempo de resposta requer dados históricos, enquanto as bases de dados operacionais não mantêm normalmente dados históricos. Neste contexto, os dados das bases de dados operacionais, embora abundantes, estão normalmente longe de ser completos para a tomada de decisões. O apoio à decisão exige a consolidação (por exemplo, agregação e resumo) de dados de fontes heterogéneas, resultando em dados de alta qualidade, limpos e integrados. Em contrapartida, as bases de dados operacionais contêm apenas dados brutos detalhados, como transacções, que precisam de ser consolidados antes da análise. Uma vez que os dois sistemas oferecem funcionalidades bastante diferentes e requerem diferentes tipos de dados, é atualmente necessário manter bases de dados separadas. No entanto, muitos fornecedores de sistemas operacionais de gestão de bases de dados relacionais estão a começar a otimizar esses sistemas para suportar consultas OLAP. Com a continuação desta tendência, espera-se que a separação entre os sistemas OLTP e OLAP diminua.

Tabela de comparação dos sistemas OLTP e OLAP

Caraterística	*OLTP*	*OLAP*
Caraterística	Processamento operacional	Processamento informativo
Orientação	transação	análise
Utilizador	escriturário, DBA, profissional de bases de dados	Trabalhador do conhecimento (por exemplo, gestor, executivo, <u>analista</u>)
Função	operações quotidianas	informativo a longo prazo
		Apoio à decisão sobre requisitos
DBdesign	Baseado em ER, orientado para aplicações	estrela/floco de neve, orientado para o sujeito
Dados	atual, garantidamente atualizado	histórico, exatidão mantida durante as horas extraordinárias
Sumarização	primitivo, muito pormenorizado	resumido, consolidado
Ver	detalhado, relacional plano	resumido, multidimensional
Unidade de trabalho	transação curta e simples	Consulta complexa
Acesso	leitura/escrita	Principalmente ler
Foco	Dados em	Informações a divulgar
Operações	índice/hash na chave primária	Muitas digitalizações
Número de registos acedidos	dezenas	milhões
Número de utilizadores	milhares	centenas
Tamanho da BD	GB para GB de ordem elevada	≥TB

Diferença entre base de dados e data warehouse

Base de dados	Armazém de dados
Uma acumulação organizada de dados designada por base de dados. Facilita o acesso, a recuperação e a manipulação da informação.	Um grande repositório centralizado de dados, criado especialmente para a elaboração de relatórios e análise de dados, é conhecido como data warehouse.
Foi concebido com o objetivo de armazenar os dados.	Foi concebido com o objetivo de analisar os dados.
As bases de dados são frequentemente utilizadas para tarefas operacionais, como a gestão de transacções diárias e procedimentos comerciais.	Os armazéns de dados são utilizados para objectivos estratégicos, como a análise de padrões históricos e a tomada de decisões estratégicas.
Devido à normalização, as tabelas e junções de uma base de dados são complicadas.	Num armazém de dados, as tabelas e as junções são simples porque são desnormalizadas.
Os programadores de aplicações e os funcionários operacionais utilizam frequentemente bases de dados.	Os analistas de negócios e os executivos utilizam frequentemente os armazéns de dados.

Os dados nela contidos são frequentemente actualizados para manter a exatidão e a coerência da base de dados.	Os dados presentes nos armazéns de dados são normalmente estáticos e históricos. Por conseguinte, estes dados já existentes podem ser utilizados para uma análise de dados eficaz.
Na maioria das vezes, as bases de dados são concebidas para tratar quantidades pequenas a moderadas de dados altamente estruturados.	Os armazéns de dados, que são concebidos para tratar grandes quantidades de dados, contêm frequentemente dados menos estruturados e mais heterogéneos.
A conceção é feita utilizando métodos de modelação ER.	A conceção é feita utilizando métodos de modelação de dados.
Suporta OLTP (processamento de transacções em linha).	Suporta OLAP (Online Analytical Processing).
Em comparação com os armazéns de dados, as bases de dados são normalmente mais pequenas.	Quando comparados com as bases de dados, os armazéns de dados são maiores.
Uma base de dados contém dados pormenorizados.	Os armazéns de dados guardam dados altamente resumidos.
Alguns exemplos de bases de dados são MySQL, Oracle, etc.	Alguns exemplos de armazéns de dados são o Google Big Query, o IBM Db2, etc.

Aplicações dos armazéns de dados

1. Setor bancário

Os banqueiros podem gerir melhor todos os seus recursos disponíveis com a solução correta de Data Warehousing. Podem analisar melhor os dados dos consumidores, os regulamentos governamentais e as tendências do mercado para facilitar a tomada de decisões.

2. Setor financeiro

À semelhança das aplicações bancárias, estas centram-se principalmente na avaliação e nas tendências das despesas dos clientes, o que ajuda a maximizar os lucros obtidos pelos seus clientes.

3. Indústria de bens de consumo

São utilizados para prever as tendências dos consumidores, a gestão das existências e os estudos de mercado e de publicidade. É igualmente efectuada uma análise aprofundada das vendas e da produção. Para além disso, são trocadas informações entre parceiros comerciais e clientes.

4. Governo e Educação

O governo federal utiliza os armazéns para investigação de conformidade, enquanto o governo estatal os utiliza para serviços de recursos humanos, como o recrutamento, e serviços de contabilidade, como a gestão dos salários.

O governo utiliza armazéns de dados para armazenar e analisar registos fiscais, registos de políticas de saúde e fornecedores. Toda a sua base de dados de direito penal está também ligada ao armazém de dados do Estado. A atividade ilegal é prevista a partir dos padrões, tendências e resultados da análise de dados históricos associados a criminosos passados.

As universidades utilizam armazéns de dados para recolher informações para propostas de subsídios, análise demográfica dos estudantes e gestão de recursos humanos. A maior parte dos departamentos financeiros dos estabelecimentos de ensino superior, incluindo o departamento de ajuda financeira, recorre a armazéns de dados.

5. Cuidados de saúde

O sector da saúde é outra aplicação importante dos armazéns de dados. Todos os dados clínicos, financeiros e pessoais são guardados no armazém e a análise é efectuada para fornecer informações úteis sobre a afetação eficaz dos recursos.

6. Indústria hoteleira

Os serviços de hotelaria e restauração, os serviços de aluguer de automóveis e os serviços de casas de férias dominam este mercado. Estes empregam serviços de armazenamento para criar e avaliar os seus programas de publicidade e promoção, que visam os clientes com base nos seus comentários e padrões de viagem.

7. Seguros

No sector dos seguros, há um ditado que diz: "Se não está estragado, não o faça. "O seguro não é algo que se possa comprar. Só pode ser comprado. "Para além de manterem um registo dos participantes existentes, os armazéns são largamente utilizados para avaliar padrões de dados e tendências dos clientes. Os armazéns também podem ser utilizados para criar ofertas e promoções personalizadas para os consumidores.

8. Indústria transformadora e de distribuição

As empresas de fabrico e distribuição podem reunir todos os seus dados sob o mesmo teto com a ajuda de um bom sistema de armazenamento de dados, prever mudanças no mercado, analisar as últimas tendências, ver áreas de desenvolvimento e, finalmente, tomar decisões orientadas para os resultados.

9. Os retalhistas

Os retalhistas actuam como intermediários entre os produtores e os clientes. A fim de assegurar a sua presença contínua no mercado, devem manter registos de ambas as partes.

Utilizam armazéns para controlar a mercadoria, as promoções publicitárias e os padrões de compra dos consumidores. Também analisam as vendas para determinar as linhas de produtos de venda rápida e de venda lenta e determinar o seu espaço nas prateleiras através da eliminação.

10. Setor dos serviços

No sector dos serviços, os armazéns de dados são utilizados para acompanhar registos financeiros, tendências de receitas, perfis de consumidores, gestão de recursos e recursos humanos.

11. Indústria telefónica

O sector telefónico lida com dados offline e online, o que resulta numa grande quantidade de dados históricos a serem consolidados e integrados.

Também é necessário um armazém de dados para estudar os activos fixos, monitorizar os padrões de chamadas dos clientes para que os vendedores possam promover campanhas publicitárias e acompanhar as consultas dos consumidores.

12. Setor dos transportes

Os dados dos clientes são registados em armazéns de dados no sector dos transportes, permitindo aos comerciantes experimentar o marketing direcionado, em que as campanhas de marketing são criadas tendo em conta as necessidades do cliente.

São utilizados no ambiente interno da indústria para analisar o feedback e o desempenho dos clientes, gerir as tripulações a bordo e analisar os relatórios financeiros dos clientes para estratégias de preços.

Componentes do armazém de dados

Existem vários componentes do armazém de dados que são especificamente concebidos para aumentar a velocidade do sistema, para que possa obter resultados mais rapidamente e analisar os dados com precisão de uma só vez.

1. Bases de dados de armazém

É um dos primeiros componentes de um armazém de dados; vamos discutir algumas das bases de dados do armazém.

Base de dados analítica:-

Estas bases de dados ajudam a sustentar e a gerir a parte analítica do armazenamento de dados.

Base de dados baseada na nuvem:-

Neste caso, alojou a sua base de dados na nuvem, de modo a não ter de adquirir qualquer sistema de hardware para criar o seu armazém de dados.

Base de dados central:-

Guarda todos os dados relacionados com as organizações empresariais e facilita aos analistas a elaboração de relatórios sobre os mesmos.

Bases de dados racionais típicas

Estas bases de dados são constituídas por dados sob a forma de linhas e colunas que, no seu conjunto, formam uma tabela.

2. ETL (Extração, Transformação e Carregamento)

O ETL é outro componente importante do armazém de dados. ETL, que significa Extraction, Transformation, and Loading (extração, transformação e carregamento), é um processo de integração de dados em que os dados são extraídos de várias fontes, transformados num formato adequado e, em seguida, carregados para um armazém de dados. Este componente permite-nos extrair dados, preencher dados desordenados, destacar a distribuição de dados do repositório central para as aplicações de business intelligence e muito mais.

Como funciona o ETL?

Para compreender o funcionamento do ETL, devemos passar por cada etapa do processo ETL.

Extrato

Copiar os dados em bruto dos locais de origem para uma área de preparação. Estes dados são recolhidos pela equipa de gestão de dados e podem ser estruturados ou não estruturados.

Transformar

Na zona de preparação, estes dados são transformados através de filtragem, limpeza, eliminação de duplicações, validação e autenticação dos dados, etc.

Carregamento

Nesta etapa, os dados transformados são movidos da área de preparação para o data warehouse de destino. Inicialmente, carrega todos os dados e, em seguida, carrega-os gradualmente à medida que ocorrem alterações nos dados.

3. Metadados

•   Os metadados são um componente que pode ser utilizado numa variedade de condições para construir, gerir e manter o sistema. A definição mais simples de metadados é "são dados sobre os dados".

•   Ajuda-nos a compreender o   contexto, a natureza e a estrutura dos dados   .

•   Permite ao utilizador   uma fácil pesquisa e recuperação de   dados .

•   É a chave para desvendar o conteúdo oculto dos dados e obter uma compreensão correta dos mesmos.

4. Ferramentas de consulta

As ferramentas são os componentes através dos quais interagimos com o armazém de dados e obtemos dados relevantes a partir dele.

Algumas das ferramentas utilizadas para fins de interação são ferramentas de consulta e de elaboração de relatórios, ferramentas de desenvolvimento de aplicações, ferramentas de extração de dados e ferramentas analíticas em linha.

• Em primeiro lugar, as ferramentas de consulta e de elaboração de relatórios são classificadas em ferramentas de consulta geridas e ferramentas de elaboração de relatórios. As ferramentas de elaboração de relatórios são utilizadas para desenvolver relatórios comerciais e os utilizadores finais podem utilizá-las a um custo acessível   .

• Ferramentas de consulta gerida para proteger o utilizador final das complexidades relacionadas com as consultas SQL, acrescentando uma camada de segurança entre a base de dados e os utilizadores.

• As ferramentas de processamento analítico em linha são geralmente utilizadas para extrair ou recuperar dados de forma selectiva, para que possam ser analisados de um ponto de vista diferente. Estas ferramentas consideram que os dados são geridos num modelo multidimensional.

• As ferramentas de extração de dados são o conjunto de ferramentas utilizadas para analisar grandes quantidades de dados e as relações existentes nesses dados.

5. Marte de dados

Os data marts são componentes do armazém de dados. Vamos discuti-los em pormenor:

• Trata-se de um armazenamento de dados concebido para um departamento específico de uma organização, ou um Data mart é um subconjunto do armazém de dados normalmente orientado para um objetivo específico.

• Ajuda as partes interessadas a tomar decisões rapidamente a partir dos dados resumidos e a tomar decisões informadas.

• Num data mart, as empresas podem obter informações de forma mais eficiente, uma vez que este contém as informações mais relevantes.

• Utilizado para a tomada de decisões simplificadas e dá privilégios de acesso a dados de minuto.

Como tem muito poucas tabelas de dados, os engenheiros de dados podem gerir e alterar informações sem causar alterações significativas na base de dados.

Significado da preparação de dados

No processo de armazenamento de dados, a área de preparação de dados é constituída pelo software do servidor de preparação de dados e pelo arquivo de armazenamento de dados (repositório) dos resultados da atividade de extração, transformação e carregamento.

O servidor de software de preparação de dados guarda e altera temporariamente dados extraídos de fontes de dados OLTP e o repositório de arquivo guarda dados e atributos limpos e transformados para serem carregados em data marts e data warehouses.

O processo de preparação de dados importa informações como fluxos ou ficheiros, modifica-as, produz dados integrados e limpos e prepara-as para serem carregadas em data warehouses, data marts ou Operational Data Stores.

Uma ferramenta de preparação de dados está acessível e os dados estão numa base de dados. O fluxo de dados começa de forma a sair do sistema de origem, passa pelo motor de transformação e entra numa base de dados de teste.

No segundo método, pode começar com um sistema legado de mainframe e depois extrair os registos procurados para um ficheiro plano, mudar o ficheiro para um servidor de preparação, transformar o seu conteúdo e carregar a informação transformada para a base de dados de preparação.

A área de preparação do armazém de dados é uma área temporária onde são reproduzidos os dados dos sistemas de origem. Uma área de preparação é geralmente necessária numa arquitetura de Data Warehousing por razões de calendário. Resumidamente, todas as informações necessárias devem estar disponíveis antes de os dados poderem ser unificados no Data Warehouse.

Devido à variação dos ciclos comerciais, dos ciclos de processamento de dados, das limitações dos recursos de hardware e de rede e dos elementos geográficos, não é possível extrair todas as informações de todas as bases de dados operacionais exatamente ao mesmo tempo.

Componentes de preparação de dados

1. consulta básica

Quando um componente de consulta está definido para o **modo básico**, o componente vem com muitas propriedades que o utilizador pode definir (normalmente a partir de uma lista predefinida) e constrói uma consulta SQL a partir dessas escolhas. O utilizador não escreve qualquer SQL, mas pode selecionar uma fonte de dados e colunas que podem ser filtradas.

2. Consulta avançada

Quando um componente de Consulta está definido para o **Modo Avançado**, está disponível uma propriedade denominada **Consulta SQL** e os utilizadores podem escrever as suas próprias consultas SQL para o serviço através do editor SQL. Para a maioria dos componentes Query, as fontes de dados disponíveis e as respectivas colunas são listadas no painel **Metadata Explorer**. As variáveis de ambiente são listadas no painel **Variáveis**. As colunas e as variáveis podem ser trazidas para o SQL fazendo duplo clique sobre elas, ou pode escrever os seus nomes diretamente no SQL.

3. Erros de carregamento STL

Quando ocorre um erro no carregamento de dados através destes componentes, será notificado do erro na Taskstab para essa execução. Clique em Erros de carregamento STL para abrir uma caixa de diálogo com uma saída de erro detalhada. Cada erro na saída é apresentado como uma caixa recolhível. É listada a sua posição nos dados, o que a linha incorrecta contém e o motivo do erro. Estes resultados são paginados e podem ser explorados utilizando os botões Seguinte e Anterior.

4. Modo de depuração

Para gerar um registo de depuração, localize a propriedade **Depuração automática** na parte inferior de um componente e **active-a**. A ativação da **Depuração automática** ativa a propriedade **Nível de depuração**. Uma descrição dessas propriedades é fornecida abaixo:

Auto Debug = *drop-down* Escolha se pretende registar automaticamente informações de depuração sobre a sua carga. Estes registos podem ser encontrados no histórico de tarefas e devem ser incluídos nos pedidos de suporte relativos ao componente. A ativação desta opção substitui todas as opções de ligação de depuração.

Nível de depuração = *lista pendente*

O nível de verbosidade com que as informações de depuração são registadas. Os níveis superiores a 1 podem registar grandes quantidades de dados e resultar numa execução mais lenta.

1.   Regista a consulta, o número de linhas devolvidas, o início da execução e o tempo decorrido, bem como eventuais erros.

2.   Regista tudo o que está incluído no Nível 1, mais as consultas de cache e informações adicionais sobre o pedido, se aplicável.

3.   Registará adicionalmente o corpo do pedido e a resposta.

4.   Registará adicionalmente a comunicação ao nível do transporte com a fonte de dados. Isto inclui a negociação SSL.

5.   Regista adicionalmente a comunicação com a fonte de dados, bem como detalhes adicionais que podem ser úteis na resolução de problemas. Isso inclui comandos de interface.

5.   Atualizar esquema de origem

Por vezes, um esquema de origem que o Matillion ETL está a utilizar pode ser alterado externamente ao Matillion ETL. Um exemplo disto é a criação de uma nova tabela através de comandos de consola e a tentativa de encontrar essa tabela numa componente de preparação de dados no Matillion ETL, apenas para descobrir que a tabela não aparece. Isto deve-se ao facto de o Matillion ETL utilizar uma cache de dados de tabela para muitos componentes.

Para sincronizar o cliente ETL da Matillion com a sua plataforma e resolver este problema, clique com o botão direito do rato no componente em questão e selecione **Refresh Source Schema**.

6.   Dados de amostragem

Os componentes de preparação de dados no Matillion ETL têm uma opção de amostra, que lhe permite apresentar uma amostra dos dados que o componente produz antes de se comprometer a executar o trabalho completo de orquestração ou transformação.

No separador **Sample** do componente, clique em **Data** para carregar os dados de amostra no Matillion ETL. É possível limitar o número de linhas recuperadas do conjunto de dados.

CAPÍTULO II

Arquitetura do armazém de dados

Arquitetura do armazém de dados

A arquitetura de um armazém de dados é um método para definir a arquitetura global do processamento e apresentação da comunicação de dados que existe para os clientes finais que trabalham na empresa. Cada armazém de dados é diferente, mas todos são caracterizados por componentes vitais normalizados.

As aplicações de produção, tais como folhas de pagamento, contas a pagar, compras de produtos e controlo de inventário, são concebidas para o processamento de transacções em linha (OLTP). Estas aplicações recolhem dados pormenorizados das operações quotidianas.

As aplicações de Data Warehouse são concebidas para suportar os requisitos de dados ad-hoc do utilizador, uma atividade recentemente designada por processamento analítico em linha (OLAP). Estas incluem aplicações como a previsão, a definição de perfis, a elaboração de relatórios resumidos e a análise de tendências.

As bases de dados de produção são actualizadas continuamente, quer manualmente, quer através de aplicações OLTP. Em contrapartida, uma base de dados de armazém é actualizada periodicamente a partir de sistemas operacionais, normalmente fora das horas de expediente. À medida que os dados OLTP se acumulam nas bases de dados de produção, são regularmente extraídos, filtrados e depois carregados num servidor de armazém dedicado, acessível aos utilizadores. À medida que o armazém é preenchido, tem de ser reestruturado, as tabelas são desnormalizadas, os dados são limpos de erros e redundâncias e são adicionados novos campos e chaves para refletir as necessidades do utilizador em termos de ordenação, combinação e resumo de dados.

Propriedades das arquitecturas de data warehouse

As seguintes propriedades de arquitetura são necessárias para um sistema de data warehouse:

1. **Separação:** O processamento analítico e o processamento transacional devem ser mantidos separados tanto quanto possível.
2. **Escalabilidade:** As arquitecturas de hardware e software devem ser simples para atualizar o volume de dados, que tem de ser gerido e processado, e o número de requisitos dos utilizadores, que têm de ser satisfeitos, aumentam progressivamente.
3. **Extensibilidade:** A arquitetura deve ser capaz de realizar novas operações e tecnologias sem redesenhar todo o sistema.
4. **Segurança:** A monitorização dos acessos é necessária devido aos dados estratégicos armazenados nos data warehouses.
5. **Capacidade de administração:** A gestão da base de dados não deve ser complicada.

Tipos de arquitecturas de data warehouse

1. Arquitetura de camada única

A arquitetura de camada única não é utilizada periodicamente na prática. O seu objetivo é minimizar a quantidade de dados armazenados e, para atingir este objetivo, elimina as redundâncias de dados. Neste método, os armazéns de dados são virtuais. Isto significa que o armazém de dados é implementado como uma visão multidimensional dos dados operacionais criados por um middleware específico, ou uma camada de processamento intermédia. A vulnerabilidade desta arquitetura reside no facto de não cumprir o requisito de separação entre o processamento analítico e transacional. As consultas de análise são acordadas com os dados operacionais depois de o middleware as interpretar. Desta forma, as consultas afectam as cargas de trabalho transaccionais.

2. Arquitetura de dois níveis

O requisito de separação desempenha um papel essencial na definição da arquitetura de dois níveis para um sistema de armazém de dados. Embora seja normalmente designada por arquitetura de dois níveis para realçar uma separação entre as fontes fisicamente disponíveis e os armazéns de dados, na realidade, consiste em quatro fases subsequentes do fluxo de dados:

1. **Camada de origem:** Um sistema de data warehouse utiliza uma fonte heterogénea de dados. Esses dados são armazenados inicialmente em bases de dados relacionais empresariais ou em bases de dados antigas, ou podem provir de um sistema de informação externo à empresa.

2. **Preparação dos dados:** Os dados armazenados na fonte devem ser extraídos, limpos para remover inconsistências e preencher lacunas, e integrados para fundir fontes heterogéneas num esquema padrão. As chamadas **ferramentas de extração, transformação e carregamento (ETL)** podem combinar esquemas heterogéneos, extrair, transformar, limpar, validar, filtrar e carregar dados de origem para um armazém de dados.

3. **Camada de armazém de dados:** A informação é guardada num repositório individual logicamente centralizado: um armazém de dados. Os armazéns de dados podem ser acedidos diretamente, mas também podem ser utilizados como fonte para a criação de data marts, que replicam parcialmente o conteúdo do armazém de dados e são concebidos para departamentos específicos da empresa. Os repositórios de metadados armazenam informações sobre fontes, procedimentos de acesso, preparação de dados, utilizadores, esquema de data mart, etc.

4. **Análise:** Neste nível, os dados integrados são acedidos de forma eficiente e flexível para emitir relatórios, analisar informações de forma dinâmica e simular cenários empresariais hipotéticos. Deve incluir navegadores de informação agregada, optimizadores de consultas complexas e GUIs de fácil utilização.

3. Arquitetura em três níveis

A arquitetura de três camadas consiste na camada de origem (que contém vários sistemas de origem), na camada reconciliada e na camada de armazém de dados (que contém armazéns de dados e data marts). O nível reconciliado situa-se entre os dados de origem e o armazém de dados.

A principal vantagem da **camada reconciliada** é o facto de criar um modelo de dados de referência padrão para toda a empresa. Ao mesmo tempo, separa os problemas de extração e integração de dados de origem dos problemas de população do armazém de dados. Em alguns casos, o **nível reconciliado** é também diretamente utilizado para realizar melhor algumas tarefas operacionais, como a produção de relatórios diários que não podem ser satisfatoriamente preparados utilizando as aplicações da empresa ou a geração de fluxos de dados para alimentar processos externos periodicamente para beneficiar da limpeza e integração. Esta arquitetura é especialmente útil para os sistemas extensivos e de âmbito empresarial. Uma desvantagem desta estrutura é o espaço adicional de armazenamento de ficheiros utilizado através da camada reconciliada redundante adicional. Também faz com que as ferramentas analíticas estejam um pouco mais longe de serem em tempo real.

Armazenamento de dados: Uma arquitetura multi-camadas

Os armazéns de dados adoptam frequentemente uma arquitetura de três níveis, como apresentado na figura.

Análise de consultas/relatórios Extração de dados

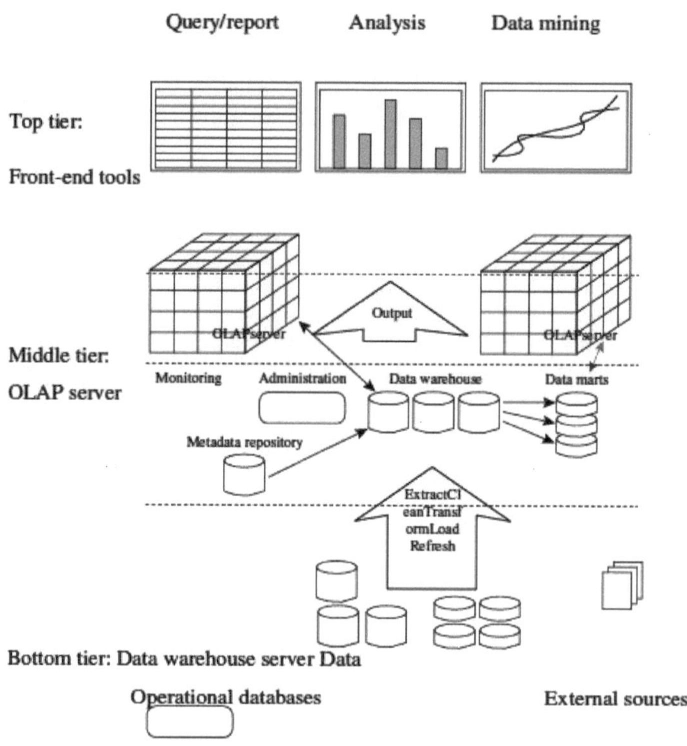

Figura Uma arquitetura de armazenamento de dados em três níveis.

1. O **nível inferior** é um servidor de base de dados de armazém que é quase sempre um sistema de base de dados relacional. As ferramentas e utilitários de back-end são utilizados para alimentar os dados na camada inferior a partir de bases de dados operacionais ou de outras fontes externas (por exemplo, informações sobre o perfil do cliente fornecidas por consultores externos). Estas ferramentas e utilitários efectuam a extração, limpeza e transformação de dados (por exemplo, para fundir dados semelhantes de diferentes fontes num formato unificado), bem como funções de carregamento e atualização para atualizar o armazém de dados.

Os dados são extraídos através de interfaces de programas de aplicação conhecidas como gateways. Uma porta de ligação é suportada pelo SGBD subjacente e permite que os programas clientes gerem código SQL para ser executado no servidor de dados. Exemplos de gateways incluem ODBC (Open Database Connection) e OLEDB (Object Linking and Embedding Database) da Microsoft e JDBC (Java Database Connection). Este nível contém também o repositório de dados, que armazena informações sobre o armazém de dados e o seu conteúdo.

2. A **camada intermédia** é um servidor OLAP que é normalmente implementado utilizando (1) um modelo OLAP relacional (ROLAP) (ou seja, um SGBD relacional alargado que mapeia operações em dados multidimensionais para operações relacionais normais); ou (2) um modelo OLAP multidimensional (MOLAP) (ou seja, um servidor para fins especiais que

implementa diretamente dados e operações multidimensionais).

3. O **nível superior** é uma camada de cliente front-end, que contém ferramentas de consulta e de elaboração de relatórios, ferramentas de análise e/ou ferramentas de extração de dados (por exemplo, análise de tendências, previsão e em breve).

<u>Processo ETL (extrair, transformar e carregar)</u>

INTRODUÇÃO:

1. ETL significa Extract, Transform, Load (Extrair, Transformar, Carregar) e é um processo utilizado no armazenamento de dados para extrair dados de várias fontes, transformá-los num formato adequado para serem carregados num armazém de dados e, em seguida, carregá-los no armazém. O processo de ETL pode ser dividido nas três fases seguintes:

2. **Extração**: A primeira fase do processo ETL consiste em extrair dados de várias fontes, tais como sistemas transaccionais, folhas de cálculo e ficheiros simples. Esta etapa envolve a leitura dos dados dos sistemas de origem e o seu armazenamento numa área de preparação.

3. **Transformar**: Nesta fase, os dados extraídos são transformados num formato adequado para serem carregados no armazém de dados. Isto pode envolver a limpeza e validação dos dados, a conversão de tipos de dados, a combinação de dados de várias fontes e a criação de novos campos de dados.

4. **Carregamento**: Depois de os dados serem transformados, são carregados para o armazém de dados. Esta etapa envolve a criação das estruturas físicas de dados e o carregamento dos dados no armazém.

5. O processo ETL é um processo iterativo que é repetido à medida que novos dados são adicionados ao armazém. O processo é importante porque assegura que os dados no armazém de dados são exactos, completos e actualizados. Também ajuda a garantir que os dados estão no formato necessário para a extração de dados e a elaboração de relatórios.

Além disso, existem muitas ferramentas e tecnologias ETL diferentes disponíveis, como a Informatica, Talend, DataStage e outras, que podem automatizar e simplificar o processo ETL.

ETL é um processo no Data Warehousing e significa **Extract**, **Transform** and **Load** (**Extrair**, **Transformar** e **Carregar**). É um processo em que uma ferramenta ETL extrai os dados de vários sistemas de fonte de dados, transforma-os na área de preparação e, finalmente, carrega-os para o sistema de Data Warehouse.

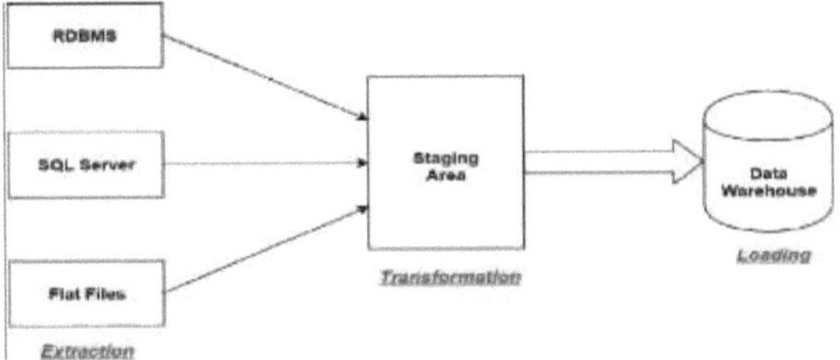

Vamos compreender em pormenor cada etapa do processo ETL:

1. **Extração:**

A primeira etapa do processo ETL é a extração. Nesta etapa, são extraídos os dados de vários sistemas de origem, que podem estar em vários formatos, como bases de dados relacionais, No SQL, XML e ficheiros simples, para a área de preparação. É importante extrair os dados de vários sistemas de origem e armazená-los primeiro na área de preparação e não diretamente no armazém de dados, porque os dados extraídos estão em vários formatos e também podem estar corrompidos. Por isso, carregá-los diretamente no armazém de dados pode danificá-los e a reversão será muito mais difícil. Por conseguinte, esta é uma das etapas mais importantes do processo ETL.

2. Transformação:

O segundo passo do processo ETL é a transformação. Nesta etapa, é aplicado um conjunto de regras ou funções aos dados extraídos para os converter num formato padrão único. Pode envolver os seguintes processos/tarefas:

o Filtragem - carregar apenas determinados atributos no armazém de dados.

o Limpeza - preencher os valores NULL com alguns valores predefinidos, mapear U.S.A., Estados Unidos e América para USA, etc.

o Junção - junção de vários atributos num só.

o Divisão - divisão de um único atributo em vários atributos.

o Ordenação - ordenação de tuplas com base num atributo (geralmente atributo-chave).

3. Carregamento:

A terceira e última etapa do processo ETL é o carregamento. Nesta etapa, os dados transformados são finalmente carregados para o armazém de dados. Por vezes, os dados são actualizados através do carregamento no armazém de dados com muita frequência e, por vezes, é feito após intervalos mais longos mas regulares. A taxa e o período de carregamento dependem exclusivamente dos requisitos e variam de sistema para sistema.

O processo ETL também pode utilizar o conceito de pipelining, ou seja, assim que alguns dados são extraídos, podem ser transformados e, durante esse período, podem ser extraídos novos dados. E enquanto os dados transformados estão a ser carregados no armazém de dados, os dados já extraídos podem ser transformados. O diagrama de blocos do pipelining do processo ETL é apresentado a seguir:

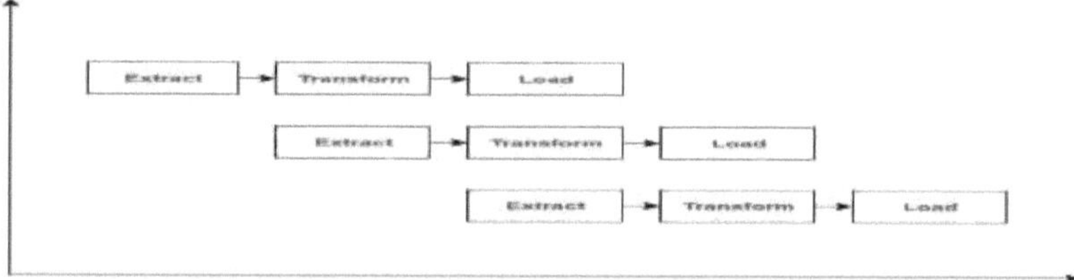

Ferramentas ETL: As ferramentas ETL mais utilizadas são **Hevo**, Sybase, Oracle Warehouse builder, CloverETL e MarkLogic.

Armazéns de dados: Os Data Warehouses mais utilizados são **Snowflake**, Redshift, BigQuery e Firebolt.

<u>Seleção de uma ferramenta ELT</u>

1. Criar uma estratégia de integração de dados

A escolha e seleção de uma ferramenta ETL é um processo que começa com a definição de uma estratégia de integração de dados, em conformidade com a estratégia e os requisitos gerais de Business Intelligence. Deve ser claro quais as iniciativas empresariais que serão apoiadas, quais os processos empresariais que são apoiados, de onde e para onde os dados devem ser transferidos (sistemas internos e externos) e qual será a infraestrutura subjacente.

Sem uma estratégia de integração adequada, comprar uma ferramenta ETL seria como comprar um carro luxuoso e caro online, sem ter em conta se deve ser conduzido à esquerda ou à direita.

2. Definir critérios em termos comerciais

Uma vez que a estratégia é clara, o utilizador pode definir os critérios de seleção críticos para a empresa, como "Os nossos analistas querem acompanhar o histórico". Nesse caso, precisamos de uma ferramenta ETL que tenha suporte padrão para dimensões que mudam lentamente. Outro exemplo: uma iniciativa empresarial pode ser a existência de um centro de contacto de clientes. O pessoal do centro de contacto precisa de ver todos os dados dos clientes que a empresa regista numa grande variedade de sistemas de origem, residentes em diferentes plataformas. O utilizador precisa de uma ferramenta ETL que tenha um bom desempenho num ambiente heterogéneo, em diferentes plataformas, e que seja capaz de ligar nativamente muitos tipos diferentes de bases de dados. Estabelecer uma ligação clara entre a estratégia empresarial e os critérios de seleção é um fator essencial para o sucesso.

3. Criar uma lista restrita

Assim que tivermos todos os critérios definidos, as informações na comparação de ferramentas ETL permitir-lhe-ão decidir quais as ferramentas que correspondem aos seus critérios. A partir daí, podemos passar rapidamente para uma lista restrita de dois ou três produtos diferentes.

4. Convidar os vendedores para uma demonstração ao vivo

Nesta fase do processo de seleção de ETL, o utilizador convidará os fornecedores da lista restrita para uma demonstração ao vivo da sua solução. Recomendamos que prepare esta reunião em pormenor com os fornecedores, para evitar demonstrações em PowerPoint. Se possível, forneça aos fornecedores alguns dados reais (mascarados) da empresa, para que possamos ver facilmente a relevância do que é demonstrado e avaliar o seu funcionamento.

5. Realizar uma prova de conceito (PoC)

A realização de uma prova de conceito (PoC) é essencial para escolher uma ferramenta ETL adequada à sua organização. É imperativo testar a solução no seu próprio ambiente de TI e ter uma ideia da funcionalidade, conetividade, facilidade de utilização e desempenho de cada ferramenta ETL. Defina previamente uma série de casos de utilização, quais devem ser os resultados e que dados devem ser utilizados. Certifique-se de que os dados nos seus sistemas de origem estão acessíveis. Em geral, uma prova de conceito pode ser efectuada em três a cinco dias. Para manter as opções de negociação em aberto, recomenda-se que uma PoC seja efectuada com pelo menos dois fornecedores.

6. Negociar com os fornecedores

O último passo antes do fim da seleção é negociar com os fornecedores o contrato, incluindo preços, manutenção, apoio, formação e termos de utilização. Muitos fornecedores de software ETL exigem a compra de um tempo de execução e de uma licença de desenvolvimento. Coloque todos os os diferentes preços e condições numa folha de cálculo e calcule os custos ao longo de, pelo menos, três anos para ver qual o vendedor que oferece as melhores condições durante um período mais longo.

7. Fechar o negócio

Por último, o utilizador pretende fechar o negócio com o fornecedor que oferece o melhor suporte para a sua estratégia de integração de dados, com os custos mais baixos.

Principais factores

10 factores principais que ajudarão a escolher o serviço ETL adequado para a sua empresa:

* Suporte: Fontes de dados e destinos
* Extensibilidade e compatibilidade
* Usabilidade
* Escalabilidade
* Segurança
* Apoio ao cliente
* Estabilidade
* Ingestão de dados em lote e em fluxo
* Transformações de dados
* Preços

Suporte: Fontes de dados e destinos

Os serviços ETL requerem destinos nos quais o utilizador pode armazenar os seus dados analíticos. Os destinos são principalmente armazéns de dados, como o Google Big Query, o Amazon Redshift e o Snowflake, ou um lago de dados, como o Google Cloud Storage, o Amazon S3 ou o Microsoft Azure. Algumas ferramentas ETL permitem enviar dados apenas para um armazém de dados, enquanto outras permitem vários destinos. Existem alguns serviços ETL que permitem a replicação de dados para vários locais em simultâneo.

É bastante difícil encontrar uma plataforma ETL que suporte todas as ferramentas SaaS, bases de dados e outras fontes de dados que a sua empresa está a utilizar. Assim, prefere aquela que permite a replicação das suas fontes de dados mais essenciais.

Extensibilidade e compatibilidade

À medida que uma organização cresce, a possibilidade de a ferramenta ETL escolhida suportar novas fontes de dados será menor. A ferramenta ETL deve ter a capacidade de acrescentar fontes de dados adicionais. Devem existir outras ferramentas de terceiros que os seus clientes utilizam. O serviço ETL deve ser compatível com essas ferramentas através de APIs, web hooks ou outro software.

Usabilidade

O utilizador tem de verificar a simplicidade da interface da ferramenta ETL, se é fácil configurar integrações, programar e monitorizar tarefas de replicação. A ferramenta deve suportar a replicação de dados em diferentes horários. A granularidade, a flexibilidade e a personalização devem permitir que a sua empresa se torne produtiva.

Escalabilidade

Com o crescimento da empresa, os volumes de dados também aumentarão. Assim, escolha uma ferramenta que possa satisfazer as suas necessidades crescentes sem deteriorar o serviço. Uma arquitetura de pipeline de dados suporta um grande volume de dados.

Segurança

A segurança é o elemento mais importante de um sistema. Para um pipeline de dados baseado na nuvem, tenha em conta os seguintes factores:

* Os controlos de segurança devem ser configuráveis pelo utilizador.
* Deve existir uma gestão de chaves API.
* Se o fornecedor encripta os dados em movimento e em repouso, caso contrário, deve poder ativar a encriptação.
* Se o HTTPS é utilizado para fontes de dados baseadas na Web.
* Que calendário é utilizado para apagar os seus dados depois de chegarem ao destino?

* O que é que o fornecedor oferece para a integração de fontes e destinos de dados?
* Se utiliza Secure Shell (SSH) para autenticação forte

A conformidade com HIPAA, SOC 2 e GDPR são três das medidas mais comuns de acordo com as normas nacionais e internacionais de segurança de dados. Tente verificar os detalhes das certificações que a plataforma possui.

Apoio ao cliente

O serviço de apoio da ferramenta ETL deve também resolver os problemas instantaneamente. A equipa de apoio ao cliente pode estar disponível sempre que o utilizador necessitar de ajuda. Tente avaliar o grau de confiança do utilizador ou a disponibilidade de canais de apoio como telefone, correio eletrónico, chat em linha ou formulário Web. A documentação deve ser redigida com os conhecimentos técnicos relevantes necessários para utilizar a ferramenta.

Estabilidade e fiabilidade

Tente analisar o tempo de inatividade que podem permitir e verifique o acordo de nível de serviço (SLA). Este descreverá a percentagem de tempo de atividade que garantem. Para avaliar a estabilidade e a fiabilidade de uma plataforma, certifique-se de que os dados extraídos são exactos e chegam ao destino num prazo razoável.

Processamento em lote e em fluxo

A ingestão em lote e em fluxo são dois processos na construção da arquitetura do pipeline de dados. A maioria das ferramentas ETL efectua a extração em lote das fontes de dados, mas outras efectuam o processamento em fluxo para eventos em tempo real. É necessário saber qual deles é o ideal para cada análise.

Transformações de dados

Atualmente, a maioria das empresas oferece armazéns de dados em plataformas de nuvem. As transformações ocorrem depois de os dados terem sido carregados no armazém, utilizando uma ferramenta de modelação como o dbt ou o Talend Data Fabric, ou apenas SQL.

Preços

As ferramentas ETL podem ser cobradas com base na quantidade de dados replicados, no número de fontes de dados utilizadas ou no número de utilizadores que utilizam o software. Alguns fornecedores de serviços ETL apresentam diferentes planos de preços nos seus sítios Web, enquanto outros os personalizam de acordo com o seu caso de utilização. Selecione aquele que permite um teste gratuito para novos utilizadores, carregamentos de dados históricos gratuitos e replicação de novas fontes de dados. Além disso, considere a escalabilidade para compreender como os seus custos irão variar consoante o volume de dados.

Diferença entre ETL e ELT

Categoria	ETL	ELT
Definição	Os dados são extraídos de um sistema de origem, transformados num servidor de processamento secundário e carregados num sistema de destino.	Os dados são extraídos de um sistema de origem, carregados num sistema de destino e transformados no sistema de destino.
Extrato	Os dados em bruto são extraídos através de conectores API.	Os dados em bruto são extraídos através de conectores API.
Transformar	Os dados em bruto são transformados num servidor de	Os dados em bruto são transformados no sistema de

	processamento.	destino.
Carga	Os dados transformados são carregados para um sistema de destino.	Os dados em bruto são carregados diretamente no sistema de destino.
Velocidade	O ETL é um processo que exige muito tempo; os dados são transformados antes de serem carregados num sistema de destino.	Em comparação, a ELT é mais rápida; os dados são carregados diretamente para um sistema de destino e transformados em paralelo.
Baseado em código Transformações	Executado no servidor secundário. Melhor para transformações e pré-limpezas com uso intensivo de computação.	Transformações efectuadas na base de dados; carregamento e transformação simultâneos; rapidez e eficiência.
Maturidade	O ETL moderno existe há mais de 20 anos	A ELT é uma forma mais recente de dados
	anos; as suas práticas e protocolos são bem conhecidos e documentados.	integração; menos documentação e experiência.
Privacidade	A transformação pré-carregamento pode eliminar as PII (ajuda para a HIPPA).	O carregamento direto de dados exige mais garantias de privacidade.
Manutenção	O servidor de processamento secundário aumenta a carga de manutenção.	Com menos sistemas, a carga de manutenção é reduzida.
Custos	Servidores separados podem criar problemas de custos.	A pilha de dados simplificada custa menos.
Requerimentos	Os dados são transformados antes de entrarem no sistema de destino; por conseguinte, os dados brutos não podem ser consultados.	Os dados em bruto são carregados diretamente no sistema de destino e podem ser consultados infinitamente.
Lago de dados Compatibilidade	Não, o ETL não é compatível com o lago de dados.	Sim, a ELT é compatível com o lago de dados.
Saída de dados	Estruturado (normalmente).	Estruturado, semi-estruturado, não estruturado.
Volume de dados	Ideal para pequenos conjuntos de dados com requisitos de transformação complicados.	Ideal para grandes conjuntos de dados que exigem rapidez e eficiência.

Tipos de Data Warehouses

Existem diferentes tipos de armazéns de dados, que são os seguintes

Types of Data Warehouses

1. Data Warehouses baseados em host

Existem dois tipos de armazéns de dados baseados no anfitrião que podem ser implementados:

• Armazéns de mainframe baseados no anfitrião que residem numa base de dados de grande volume. Suportados por uma estrutura robusta e fiável de elevada capacidade, como os sistemas IBM system/390, UNISYS e Data General sequent, e bases de dados como Sybase, Oracle, Informix e DB2.

• Armazéns de dados LAN baseados em anfitrião, em que a entrega de dados pode ser efectuada centralmente ou a partir do ambiente de grupo de trabalho. A dimensão dos armazéns de dados da base de dados depende da plataforma.

As ferramentas de extração e transformação de dados permitem a extração e limpeza automáticas de dados dos sistemas de produção. Não é aplicável permitir o acesso direto das ferramentas de consulta a estas categorias de métodos pelas seguintes razões

1. Uma enorme carga de consultas complexas de armazenamento teria possivelmente um impacto demasiado negativo na aplicação orientada para o processamento de transacções (TP) de missão crítica.

2. Estes sistemas de TP têm vindo a desenvolver a sua conceção de bases de dados para o processamento de transacções. Em todos os métodos, uma base de dados é concebida para otimizar o processamento de consultas ou transacções. Uma consulta comercial complexa necessitava da junção de muitas tabelas normalizadas e, como resultado, o desempenho será normalmente fraco e as construções de consulta muito complexas.

3. Não existe qualquer garantia de que os dados de dois ou mais métodos de produção sejam coerentes.

Data Warehouses baseados em host (MVS)

As utilizações de armazéns de dados que residem em bases de dados de grande volume no MVS são os tipos de armazéns de dados baseados no anfitrião. Muitas vezes, o SGBD é o DB2 com uma enorme variedade de fontes originais de informação antiga, incluindo VSAM, DB2, ficheiros simples e Information Management System (IMS).

Antes de iniciar a conceção, a construção e a implementação de um armazém deste tipo, devem ser feitas algumas considerações adicionais, porque

1. Estas bases de dados têm geralmente volumes muito elevados de armazenamento de dados.

2. Estes armazéns podem necessitar de suporte tanto para o MVS como para os recursos de relatório e consulta baseados no cliente.

3. Estes armazéns têm sistemas de origem complicados.

4. Estes sistemas necessitam de manutenção contínua, uma vez que devem ser utilizados para objectivos de missão crítica.

Para que a construção destes armazéns de dados seja bem sucedida, são geralmente seguidas as seguintes fases

1. **Fase de descarregamento:** Contém a seleção e a depuração dos dados da operação.

2. **Fase de transformação:** Para traduzi-lo numa forma apropriada e descrever as regras de acesso e armazenamento.

3. **Fase de carga:** Para mover o registo diretamente para as tabelas DB2 ou para um ficheiro específico para o mover para outra base de dados ou para um armazém não-MVS.

Um repositório de metadados integrado é fundamental para qualquer ambiente de data warehouse. Esta instalação é necessária para documentar as fontes de dados, as regras de conversão de dados e as áreas de utilizador do armazém. Fornece uma rede dinâmica entre as múltiplas bases de dados de fontes de dados e o DB2 dos armazéns de dados condicionais.

É necessário um repositório de metadados para conceber, construir e manter os processos de data warehouse. Deve ser capaz de fornecer dados sobre o tipo de dados existentes no sistema operacional e no armazém de dados, bem como sobre a localização dos dados. O mapeamento dos dados operacionais para os campos do armazém e as técnicas de acesso do utilizador final. A consulta, a elaboração de relatórios e a manutenção são outro método indispensável num armazém de dados deste tipo. Uma ferramenta de consulta e relatório baseada em MVS para DB2.

Data Warehouses baseados em host (UNIX)

Os RDBMS Oracle e Informix suportam os recursos para tais armazéns de dados. Estas duas bases de dados podem extrair informações de bases de dados baseadas no MVS, bem como de um maior número de outras bases de dados baseadas no UNIX. Estes tipos de armazéns seguem a mesma fase que os armazéns de dados MVS baseados no anfitrião. Além disso, podem ser criados os dados de diferentes servidores de rede. Uma vez que a consistência dos atributos dos ficheiros é frequente na inter-rede.

II. Armazéns de dados de grupos de trabalho baseados em LAN

Um armazém de grupo de trabalho baseado em LAN é uma estrutura integrada para construir e manter um armazém de dados num ambiente LAN. Neste armazém, podemos extrair informações de uma variedade de fontes e suportar vários armazéns baseados em LAN, bases de dados de armazém geralmente escolhidas para incluir a família DB2, Oracle, Sybase e Informix. Outras bases de dados que também podem ser contidas com pouca frequência são IMS, VSAM, Flat File, MVS e VH.

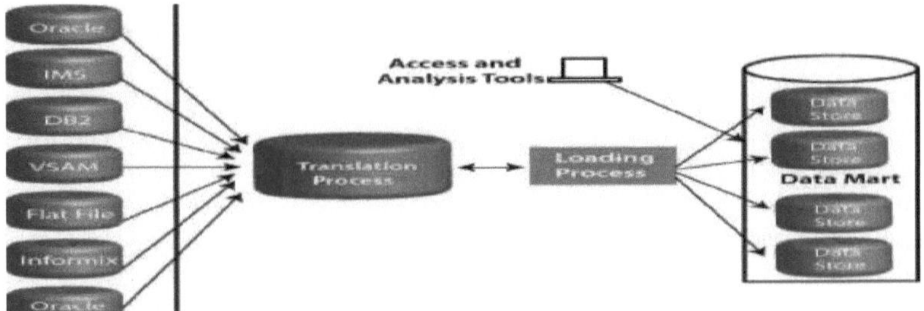

Armazém do grupo WorR baseado em LAN

Concebido para o ambiente de grupo de trabalho, um armazém de grupo de trabalho baseado em LAN é ideal para qualquer organização empresarial que pretenda criar um armazém de dados, frequentemente designado por data mart. Este tipo de armazém de dados requer geralmente um investimento inicial mínimo e formação técnica.

Entrega de dados: Com um armazém de grupo de trabalho baseado em LAN, o cliente necessita de conhecimentos técnicos mínimos para criar e manter um armazenamento de dados personalizado para utilização ao nível do departamento, unidade de negócio ou grupo de trabalho. Um armazém de grupo de trabalho baseado em LAN garante a entrega de informações de recursos corporativos, fornecendo acesso de transporte aos dados no armazém.

III. Data Warehouses de estágio único baseados em host (LAN)

Num armazém de dados baseado em LAN, a entrega de dados pode ser gerida centralmente ou a partir do ambiente do grupo de trabalho, para que os grupos empresariais possam processar os dados necessários sem sobrecarregar os recursos de TI centralizados, desfrutando da autonomia do seu data mart sem comprometer a integridade e a segurança globais dos dados na empresa.

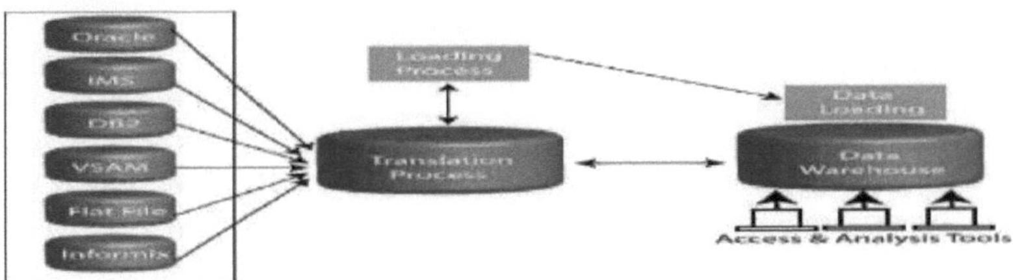

Limitações

Os métodos de escalabilidade do SGBD e do hardware limitam geralmente as soluções de armazenamento baseadas em LAN.

Muitas empresas baseadas em LAN não implementaram métodos adequados de programação de tarefas, gestão de recuperação, manutenção organizada e monitorização do desempenho para fornecer soluções de armazenamento robustas.

Muitas vezes, estes armazéns dependem de outras plataformas para o registo de origem. A criação de um ambiente com integridade, capacidade de recuperação e segurança dos dados exige uma conceção, planeamento e implementação cuidadosos. Caso contrário, a sincronização da transformação e dos carregamentos das fontes para o servidor pode causar inúmeros problemas.

Um **armazém baseado em LAN** fornece dados de muitas fontes que requerem um investimento inicial e conhecimentos técnicos mínimos. Um armazém baseado em LAN pode também utilizar ferramentas de replicação para preencher e atualizar o armazém de dados. Este tipo de armazém pode incluir vistas comerciais, históricos, agregação, versões e suporte de fontes heterogéneas, tais como

- Família DB2
- IMS, VSAM, Ficheiro plano [MVS e VM]

Uma única loja conduz frequentemente um armazém baseado em LAN e fornece aplicações DSS existentes, permitindo ao utilizador comercial localizar dados no seu armazém de dados. O armazém baseado em LAN pode apoiar os utilizadores empresariais com uma solução completa de dados para informação. O armazém baseado em LAN pode também partilhar metadados com a capacidade de catalogar dados empresariais e torná-los viáveis para quem deles necessite.

IV. Armazéns de dados em várias fases

Refere-se a várias etapas em métodos de transformação para analisar dados através de agregações. Por outras palavras, a preparação dos dados várias vezes antes da operação de carregamento para o armazém de dados, os dados são extraídos dos sistemas de origem para a área de preparação em primeiro lugar, depois são carregados para o armazém de dados após a alteração e, por fim, para os data marts departamentalizados.

Esta configuração é adequada para ambientes em que os clientes finais, em várias capacidades, necessitam de acesso a informação resumida para decisões tácticas de última hora, bem como a informação resumida, um registo comutativo para decisões estratégicas de longo prazo. Tanto o Operational Data Store (ODS) como o data warehouse podem residir em bases de dados baseadas no anfitrião ou na LAN, dependendo do volume e dos requisitos personalizados. Estas incluem DB2, Oracle, Informix, IMS, ficheiros simples e Sybase.

Normalmente, o ODS armazena apenas os registos mais actualizados. O armazém de dados armazena o cálculo histórico dos ficheiros. Inicialmente, a informação em ambas as bases de dados será muito semelhante. Por exemplo, os registos de um novo cliente terão o mesmo aspeto. À medida que ocorrem alterações no registo do utilizador, os ODs serão actualizados para refletir apenas os dados mais actuais, enquanto que o armazém de dados conterá tanto os dados históricos como a nova informação. Assim, as necessidades de volume do armazém de dados excederão as necessidades de volume dos ODS ao longo do tempo. Na prática, não é habitual atingir um rácio de 4 para 1.

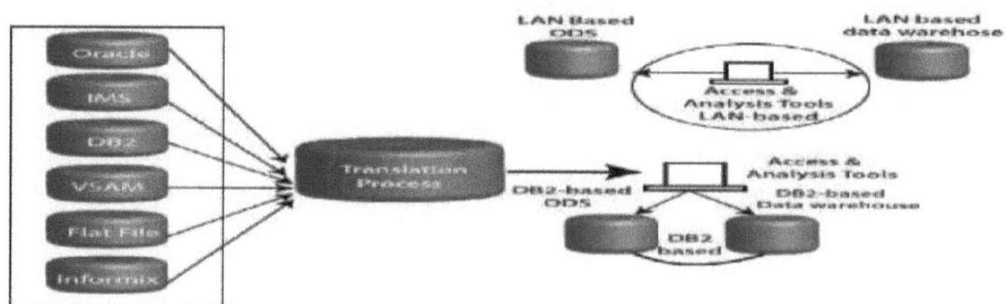

Multistage Data Warehouse

V. Armazéns de dados fixos

Neste tipo de armazéns de dados, os dados não são alterados a partir das fontes, como mostra a figura:

Em vez disso, o cliente tem acesso direto aos dados. Para muitas organizações, o acesso pouco frequente, os problemas de volume ou as necessidades empresariais impõem esta abordagem. Este esquema gera vários problemas para o cliente, tais como
* Identificar a localização da informação para os utilizadores
* Proporcionar aos clientes a capacidade de consultar diferentes SGBD como se fossem todos um único SGBD com uma única API.
* Impacto no desempenho, uma vez que o cliente estará a competir com os armazéns de dados de produção.
Um tal armazém necessitará de um "middleware" altamente especializado e sofisticado, possivelmente com uma única interação com o cliente. Isto pode também ser essencial para que o utilizador possa visualizar o registo extraído antes da criação do relatório. Um repositório integrado de metadados torna-se absolutamente essencial neste ambiente.

VI. Armazéns de dados distribuídos

O conceito de armazém de dados distribuído sugere que existem dois tipos de armazéns de dados distribuídos e as suas modificações: os armazéns locais da empresa, que estão distribuídos por toda a empresa, e um armazém global, como mostra a figura:

Caraterísticas dos armazéns de dados locais

* A atividade surge a nível local
* Grande parte do processamento operacional
* O sítio local é autónomo
* Cada armazém de dados local tem a sua própria arquitetura e conteúdo de dados
* Os dados são únicos e essenciais apenas para essa localidade
* A maior parte do registo é local e não é replicado
* Qualquer intersecção de dados entre armazéns de dados locais é circunstancial
* O armazém local serve diferentes comunidades técnicas

- O âmbito dos armazéns de dados locais é limitado ao sítio local
- Os armazéns locais também incluem dados históricos e são integrados apenas no sítio local.

VII. Armazéns de dados virtuais

Os Data Warehouses virtuais são criados nas seguintes fases:

1. Instalar um conjunto de abordagens de dados, dicionário de dados e facilidades de gestão de processos.
2. Formação de clientes finais.
3. Controlo da utilização das instalações DW
4. Com base na utilização efectiva, é criado um Data Warehouse físico para fornecer os resultados de alta frequência

Esta estratégia define que os utilizadores finais podem aceder diretamente às bases de dados operacionais utilizando quaisquer ferramentas implementadas na rede de acesso aos dados. Este método proporciona a máxima flexibilidade, bem como a quantidade mínima de informação redundante que tem de ser carregada e mantida. O armazém de dados é uma óptima ideia, mas é difícil de construir e requer investimento. Porque não utilizar um método barato e rápido, eliminando a fase de transformação dos repositórios de metadados e de outra base de dados. Este método é designado por **"armazém de dados virtual"**.

Para o efeito, é necessário definir quatro tipos de dados:

1. Um dicionário de dados que inclui as definições das diferentes bases de dados.
2. Uma descrição da relação entre os componentes de dados.
3. A descrição do método de interface entre o utilizador e o sistema.
4. Os algoritmos e as regras de negócio que descrevem o que fazer e como o fazer.

Desvantagens

1. Uma vez que as consultas competem com as transacções de registos de produção, o desempenho pode ser degradado.
2. Não há metadados, nem registo de resumo, nem integração ou histórico de **DSS** (Sistema de Apoio à Decisão) individual. Todas as consultas têm de ser copiadas, o que representa um encargo adicional para o sistema.
3. Não existe um processo de atualização, o que torna as consultas muito complexas.

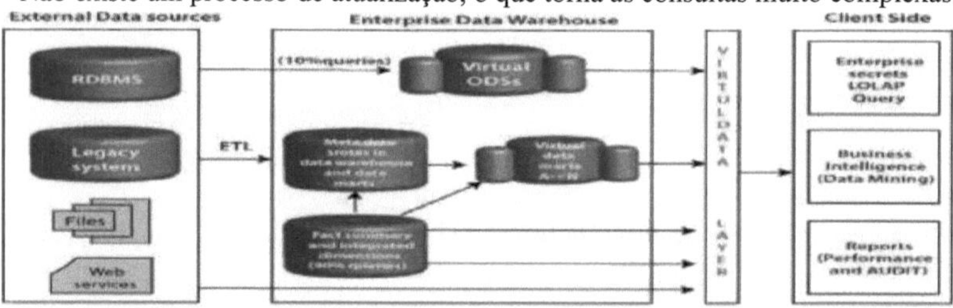

Armazém de dados virtual

<u>**Modelação de Data Warehouse**</u>

A modelação do armazém de dados é o processo de conceção dos esquemas da informação detalhada e resumida do armazém de dados. O objetivo da modelação do armazém de dados é desenvolver um esquema que descreva a realidade, ou pelo menos uma parte da realidade, que o armazém de dados deve suportar.

A modelação da base de dados é uma fase essencial da construção de uma base de dados por duas razões principais. Em primeiro lugar, através do esquema, os clientes do armazém de dados podem visualizar as relações entre os dados do armazém, para os utilizar com maior facilidade. Em segundo lugar, um esquema bem concebido permite criar uma estrutura de armazém de dados eficaz, para ajudar a diminuir o custo de implementação do armazém e melhorar a eficiência da sua utilização.

A modelação de dados em armazéns de dados é diferente da modelação de dados em sistemas de bases de dados operacionais. A principal função dos armazéns de dados é apoiar os processos de DSS. Assim, o objetivo da modelação do armazém de dados é fazer com que este suporte eficazmente consultas complexas sobre informações de longo prazo.

Em contrapartida, a modelação de dados em sistemas de bases de dados operacionais visa apoiar eficazmente transacções simples na base de dados, como a recuperação, inserção, eliminação e alteração de dados. Além disso, os armazéns de dados são concebidos para o cliente com conhecimentos gerais sobre a empresa, enquanto os sistemas de bases de dados operacionais estão mais orientados para a utilização por especialistas em software para a criação de aplicações distintas.

O modelo de Data Warehouse é ilustrado no diagrama apresentado.

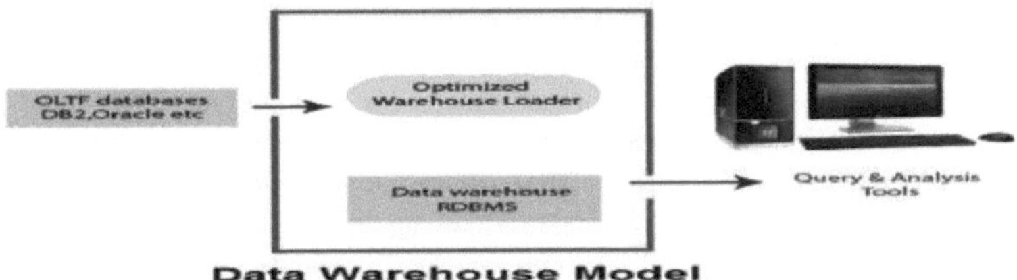

Data Warehouse Model

Os dados dentro do próprio armazém específico têm uma arquitetura particular com ênfase em vários níveis de resumo, como mostra a figura:

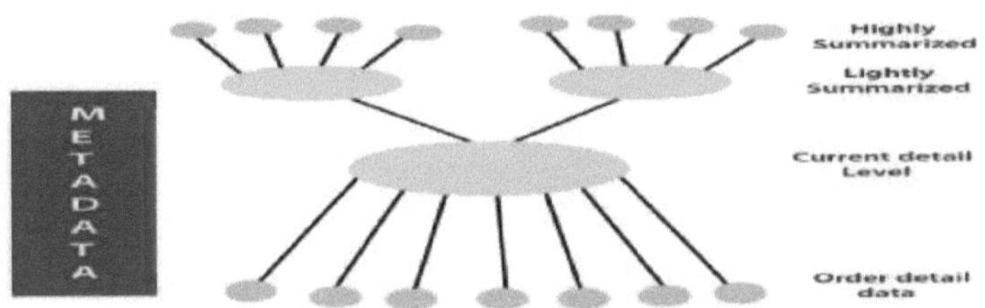

The Structure of data inside the data warehouse

O registo de pormenor atual é de importância central, uma vez que:
- Reflecte os acontecimentos mais actuais, que são geralmente os mais estimulantes.

É numeroso porque é guardado no método mais baixo da granularidade.

É sempre (quase) guardado no armazenamento em disco, que é de acesso rápido mas caro e difícil de gerir.

Os dados de pormenor mais antigos são armazenados numa qualquer forma de memória de massa, sendo acedidos com pouca frequência e mantidos a um nível de pormenor consistente com os dados de pormenor actuais.

Os dados ligeiramente resumidos são dados extraídos do baixo nível de detalhe encontrado

33

no nível atual e detalhado e normalmente são armazenados em disco. Ao construir o armazém de dados, é necessário ter em conta a unidade de tempo em que a compactação é efectuada e também os componentes ou atributos que os dados compactados irão conter.

Os dados altamente resumidos são compactos e estão diretamente disponíveis, podendo mesmo ser encontrados fora do armazém.

Os metadados são o elemento final dos armazéns de dados e têm, na verdade, várias dimensões, não sendo o mesmo que um ficheiro extraído dos dados operacionais, mas sendo utilizados como

• Um diretório para ajudar o investigador do DSS a localizar os itens do armazém de dados.

• Um guia para o mapeamento do registo à medida que os dados são alterados em relação aos dados operacionais

para o ambiente do armazém de dados.

• Um guia para o método utilizado para a síntese entre os dados actuais e precisos e as informações ligeiramente resumidas e os dados altamente resumidos, etc.

Ciclo de vida da modelação de dados

Nesta secção, definimos um ciclo de vida de modelação de dados. Trata-se de um processo simples de transformação dos requisitos comerciais para cumprir os objectivos de armazenamento, manutenção e acesso aos dados nos sistemas informáticos. O resultado é um modelo de dados lógico e físico para um armazém de dados da empresa.

O objetivo do ciclo de vida da modelação de dados é, em primeiro lugar, a criação de uma área de armazenamento para a informação empresarial. Essa área vem dos estágios de modelagem de dados lógicos e físicos, como mostrado na Figura:

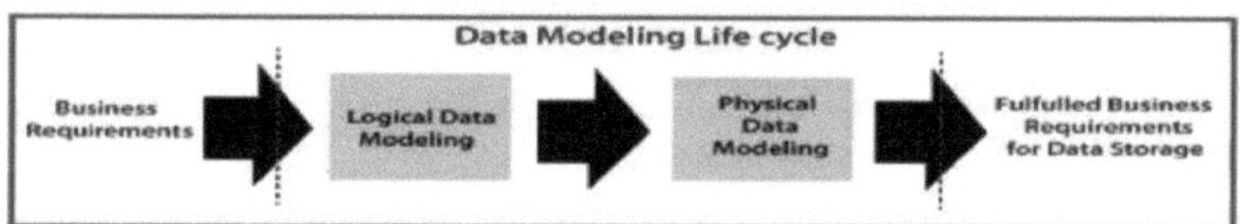

A generic data modeling life cycle

Modelo concetual de dados

Um modelo concetual de dados reconhece as relações de nível mais elevado entre as diferentes entidades.

Caraterísticas do modelo concetual de dados

• Contém as entidades essenciais e as relações entre elas.
• Não é especificado qualquer atributo.
• Não é especificada uma chave primária.

Podemos ver que os únicos dados apresentados através do modelo concetual de dados são as entidades que definem os dados e as relações entre essas entidades. Não há outros dados, como mostra o modelo concetual de dados.

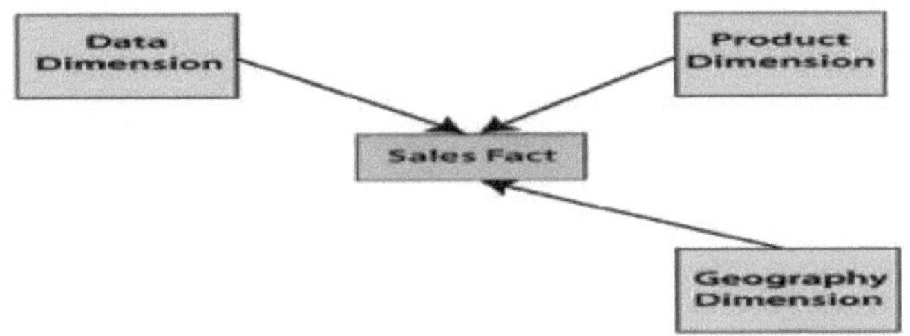

Example of Conceptual Data Model

Modelo de dados lógicos

Um modelo lógico de dados define as informações com a maior estrutura possível, sem observar como elas serão fisicamente obtidas na base de dados. O principal objetivo da modelação lógica dos dados é documentar as estruturas de dados empresariais, os processos, as regras e as relações através de uma única visualização - o modelo lógico de dados.

Caraterísticas de um modelo lógico de dados

* Envolve todas as entidades e as relações entre elas.
* São especificados todos os atributos de cada entidade.
* A chave primária de cada entidade é indicada.
* A integridade referencial é especificada (relação FK).

A fase de conceção do modelo lógico de dados é a seguinte

* Especificar chaves primárias para todas as entidades.
* Enumerar as relações entre diferentes entidades.
* Listar todos os atributos de cada entidade.
* Normalização.
* Não há tipos de dados listados

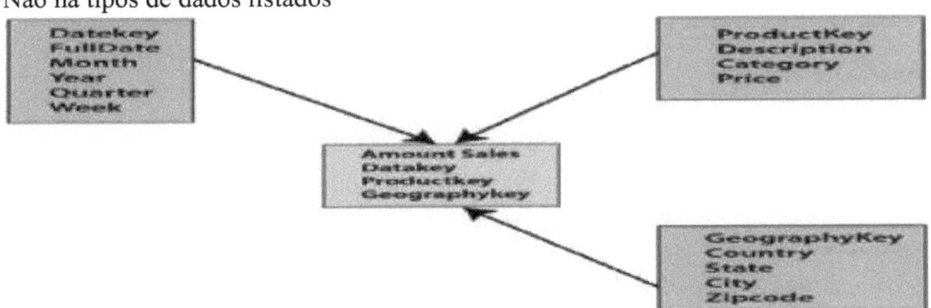

Exemplo de modelo de dados lógicos

Modelo de dados físicos

O modelo de dados físico descreve a forma como o modelo será apresentado na base de dados. Um modelo físico de base de dados demonstra todas as estruturas de tabelas, nomes de colunas, tipos de dados, restrições, chave primária, chave estrangeira e relações entre tabelas. O objetivo da modelação física dos dados é o mapeamento do modelo lógico de dados para as estruturas físicas do sistema RDBMS que aloja o armazém de dados. Isto inclui a definição de estruturas físicas de RDBMS, tais como tabelas e tipos de dados a utilizar para armazenar a informação. Pode também incluir a definição de novas estruturas de dados para melhorar o desempenho das consultas.

Caraterísticas de um modelo de dados físicos
*   Especificação de todas as tabelas e colunas.
*   As chaves estrangeiras são utilizadas para reconhecer relações entre tabelas.
As etapas da conceção do modelo de dados físicos são as seguintes
*   Converter entidades em tabelas.
*   Converter relações em chaves estrangeiras.
*   Converter atributos em colunas.

Tipos de modelos de Data Warehouse

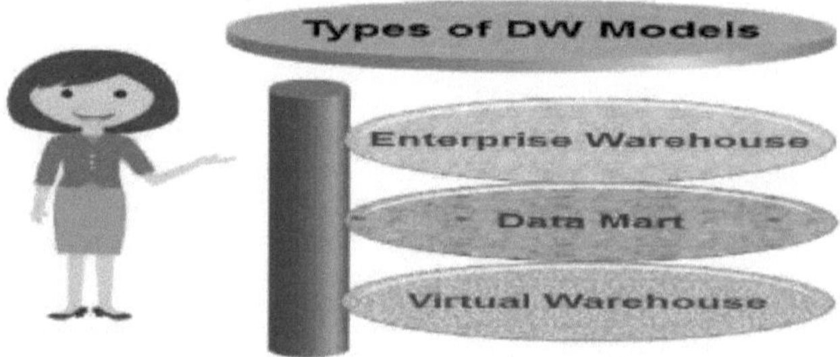

I. Armazém da empresa

Um armazém empresarial recolhe todos os registos sobre assuntos que abrangem toda a organização. Suporta a integração de dados em toda a empresa, normalmente a partir de um ou mais sistemas operacionais ou fornecedores de dados externos, e tem um âmbito multifuncional. Geralmente, contém informações detalhadas, bem como informações resumidas, e pode ter uma estimativa que varia de alguns gigabytes a centenas de gigabytes, terabytes ou mais.

Um armazém de dados empresarial pode ser realizado em mainframes tradicionais, super servidores UNIX ou plataformas de arquitetura paralela. Exigia uma modelação comercial extensiva e pode levar anos a desenvolver e construir.

II. Data Mart

Um data mart inclui um subconjunto de dados de toda a empresa que é de valor para um conjunto específico de utilizadores. O âmbito é limitado a determinados temas selecionados. Por exemplo, um data mart de marketing pode restringir seus assuntos ao cliente, itens e vendas. Os dados contidos nos data marts tendem a ser resumidos.

Os Data Marts estão divididos em duas partes:

Data Mart independente: O data mart independente é obtido a partir de dados capturados de um ou mais sistemas operacionais ou de fornecedores de dados externos, ou de dados geralmente locais num departamento ou área geográfica diferente.

Data Mart dependente: Os data marts dependentes são obtidos exatamente a partir de datawarehouses empresariais.

III. Armazéns virtuais

Os Data Warehouses Virtuais são um conjunto de percepções sobre a base de dados operacional. Para um processamento eficaz da consulta, apenas uma parte da visão resumida possível pode ser materializada. Um armazém virtual é simples de construir, mas requer capacidade excessiva nos servidores de base de dados operacionais.

Conceção de armazéns de dados

Um armazém de dados é um repositório de dados único onde um registo de múltiplas fontes de dados é integrado para processamento analítico empresarial em linha (OLAP). Isto implica que um armazém de dados tem de satisfazer os requisitos de todas as fases da atividade em toda a organização. Assim, a conceção de um armazém de dados é um processo extremamente complexo, moroso e, consequentemente, propenso a erros. Além disso, as funções analíticas da empresa mudam ao longo do tempo, o que resulta em mudanças nos requisitos dos sistemas. Por conseguinte, os sistemas de data warehouse e OLAP são dinâmicos e o processo de conceção é contínuo.

A conceção do armazém de dados adopta um método diferente da materialização da visão nas indústrias. Considera os armazéns de dados como sistemas de bases de dados com necessidades específicas, tais como responder a consultas relacionadas com a gestão. O objetivo da conceção passa a ser a forma como os registos de múltiplas fontes de dados devem ser extraídos, transformados e carregados (ETL) para serem organizados numa base de dados como o armazém de dados.

Existem duas abordagens

1. "abordagem "top-down
2. "abordagem "ascendente

Abordagem de conceção descendente

Na abordagem de conceção "de cima para baixo", um armazém de dados é descrito como um repositório de dados integrado, não volátil e orientado para o assunto, variando no tempo, para toda a empresa. Os dados de diferentes fontes são validados, reformatados e guardados numa base de dados normalizada (até 3NF) como o armazém de dados. O armazém de dados armazena informação "atómica", os dados ao nível mais baixo de granularidade, a partir dos quais podem ser construídos marcos de dados dimensionais, selecionando os dados necessários para assuntos comerciais específicos ou departamentos particulares. Trata-se de uma abordagem orientada para os dados, uma vez que a informação é recolhida e integrada em primeiro lugar e, em seguida, são formulados os requisitos comerciais por temas para a criação de marcos de dados. A vantagem deste método é que suporta uma única fonte de dados integrada. Assim, os data marts construídos a partir dela terão consistência quando se sobrepuserem.

Vantagens da conceção descendente

Os Data Marts são carregados a partir dos armazéns de dados.

É muito fácil desenvolver um novo data mart a partir do armazém de dados.

Desvantagens da conceção descendente

Esta técnica é inflexível face à evolução das necessidades dos serviços.

O custo de execução do projeto é elevado.

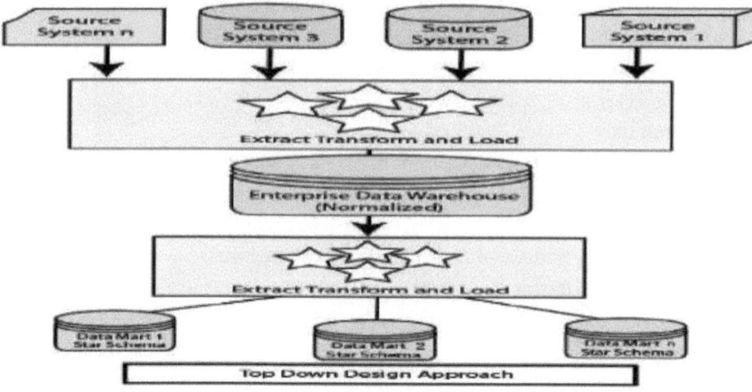

Abordagem de conceção ascendente

Na abordagem "Bottom-Up", um data warehouse é descrito como "uma cópia da arquitetura específica dos dados de transação para consulta e análise", designada por esquema em estrela. Nesta abordagem, um data mart é criado em primeiro lugar para as capacidades analíticas e de elaboração de relatórios necessárias para determinados processos empresariais (ou temas). Assim, é necessário que seja uma abordagem orientada para a atividade, em contraste com a abordagem orientada para os dados de Inmon.

Os data marts incluem os dados de grão mais baixo e, se necessário, também os dados agregados. Em vez de uma base de dados normalizada para o data warehouse, uma base de dados dimensional desnormalizada é adaptada para satisfazer os requisitos de fornecimento de dados dos data warehouses. Utilizando este método, para utilizar o conjunto de data marts como data warehouse da empresa, os data marts devem ser construídos tendo em conta as dimensões conformes, definindo que os objectos comuns são representados da mesma forma em data marts diferentes. As dimensões conformes ligam os data marts para formar um data warehouse, que é geralmente designado por data warehouse virtual.

A vantagem da abordagem de conceção "ascendente" é o facto de ter um retorno rápido do investimento, uma vez que o desenvolvimento de um data mart, um armazém de dados para um único assunto, demora muito menos tempo e esforço do que o desenvolvimento de um armazém de dados para toda a empresa. Além disso, o risco de fracasso é ainda menor. Este método é inerentemente incremental. Este método permite que a equipa do projeto aprenda e cresça.

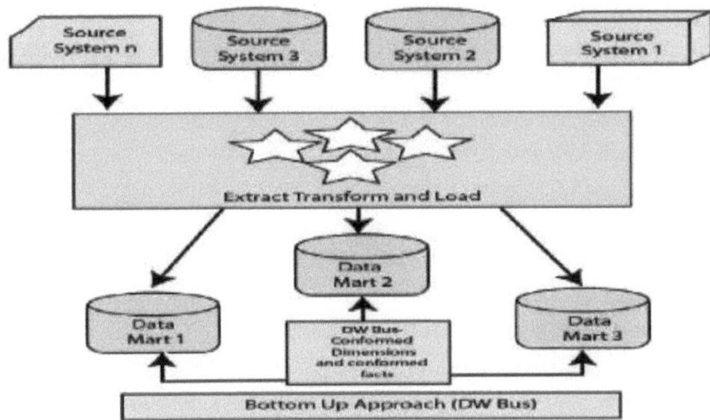

Vantagens da conceção ascendente

Os documentos podem ser gerados rapidamente.

O armazém de dados pode ser alargado para acomodar novas unidades de negócio.

Trata-se apenas de desenvolver novos conjuntos de dados e de os integrar noutros conjuntos de dados.

Desvantagens da conceção ascendente

As localizações do armazém de dados e dos data marts são invertidas na conceção da abordagem ascendente.

<u>Implementação de Data Warehouse</u>

Existem várias implementações em armazéns de dados, que são as seguintes

1. Análise das necessidades e planeamento da capacidade: O primeiro processo de armazenamento de dados envolve a definição das necessidades da empresa, a definição de arquitecturas, a realização do planeamento da capacidade e a seleção das ferramentas de hardware e software. Esta etapa inclui a consulta dos quadros superiores, bem como das diferentes partes interessadas.

2. Integração do hardware: Uma vez selecionados o hardware e o software, é necessário colocá-los em funcionamento, integrando os servidores, os métodos de armazenamento e as ferramentas de software do utilizador.

3. Modelação: A modelação é uma fase importante que envolve a conceção do esquema e das vistas do armazém. Esta fase pode incluir a utilização de uma ferramenta de modelação se os armazéns de dados forem sofisticados.

4. Modelação física: Para que os armazéns de dados funcionem eficazmente, é necessária uma modelação física. Esta inclui a conceção da organização física do armazém de dados, a colocação dos dados, a partição dos dados, a decisão sobre as técnicas de acesso e a indexação.

5. Fontes: As informações para o data warehouse provavelmente virão de várias fontes de dados. Esta etapa contém a identificação e conexão das fontes usando o gateway, unidades ODBC ou outro wrapper.

6. ETL: Os dados do sistema de origem terão de passar por uma fase ETL. O processo de conceção e implementação da fase ETL pode incluir a definição de um fornecedor de ferramentas ETL adequado e a aquisição e implementação das ferramentas. Este processo pode incluir a personalização da ferramenta de acordo com as necessidades das empresas.

7. Preencher os armazéns de dados: Uma vez acordadas as ferramentas ETL, será necessário testar as ferramentas, talvez utilizando uma área de preparação. Quando tudo estiver a funcionar adequadamente, as ferramentas ETL podem ser utilizadas para preencher os armazéns, tendo em conta o esquema e a definição das vistas.

8. Aplicações para utilizadores: Para que os armazéns de dados sejam úteis, têm de existir aplicações para o utilizador final. Esta etapa consiste em conceber e implementar as aplicações necessárias para os utilizadores finais.

9. Implementar os armazéns e as aplicações: Depois de o armazém de dados ter sido preenchido e as aplicações do cliente final testadas, o sistema de armazém e as operações podem ser lançados para serem utilizados pela comunidade de utilizadores.

Diretrizes de implementação

1. Construir de forma incremental: Os data warehouses devem ser construídos de forma incremental. Geralmente, recomenda-se que um data marts seja criado com um projeto específico em mente e, uma vez implementado, várias outras secções da empresa podem também querer implementar sistemas semelhantes. Os data warehouses de uma empresa podem então ser implementados de forma iterativa, permitindo que todos os data marts extraiam informações do data warehouse.

2. Necessidade de um defensor: Um projeto de armazenamento de dados deve ter um defensor ativo que realize pesquisas consideráveis sobre o preço e os benefícios esperados do projeto. Os projectos de armazenamento de dados requerem contributos de muitas unidades de uma empresa e, por conseguinte, devem ser conduzidos por alguém que seja necessário para interagir com as pessoas nas empresas e que possa persuadir ativamente os colegas.

3. Apoio dos quadros superiores: Um projeto de armazém de dados deve ser totalmente apoiado pela gestão de topo. Dada a caraterística de utilização intensiva de recursos deste tipo de projeto e o tempo que pode demorar a ser implementado, um projeto de armazém exige um compromisso sustentado por parte dos quadros superiores.

4. Garantir a qualidade: O único registo que foi limpo e tem uma qualidade implícita para as organizações deve ser carregado nos armazéns de dados.

5. Estratégia empresarial: Um projeto de data warehouse deve ser adequado às estratégias da empresa e aos objectivos comerciais. O objetivo do projeto deve ser definido antes do início dos projectos.

6. Plano de negócios: Os custos financeiros (hardware, software e peopleware), as vantagens esperadas e um plano de projeto para um projeto de armazéns de dados devem ser claramente delineados e compreendidos por todas as partes interessadas. Sem essa compreensão, os rumores sobre as despesas e os benefícios podem tornar-se as únicas fontes de dados, subvertendo os projectos.

7. Formação: Os projectos de data warehouses não devem ignorar os requisitos de formação dos data warehouses. Para que um projeto de data warehouses seja bem sucedido, os clientes devem receber formação para utilizar os data warehouses e compreender as suas capacidades.

8. Adaptabilidade: O projeto deve ser flexível para que possam ser feitas alterações aos armazéns de dados se e quando necessário. Como qualquer sistema, um armazém de dados terá de mudar, à medida que as necessidades de uma empresa mudam.

9. Gestão conjunta: O projeto deve ser gerido pelos profissionais de TI e de negócios da empresa. Para garantir uma comunicação adequada com as partes interessadas e que o projeto é o alvo para ajudar o negócio da empresa, o profissional de negócios deve estar envolvido no projeto juntamente com os profissionais técnicos.

Meta dados

Os metadados são dados sobre os dados ou documentação sobre a informação que é requerida pelos utilizadores. Na armazenagem de dados, os metadados são um dos aspectos essenciais. Os metadados incluem o seguinte:

1. A localização e as descrições dos sistemas e componentes do armazém.
2. Nomes, definições, estruturas e conteúdo das vistas do armazém de dados e dos utilizadores finais.
3. Identificação de fontes de dados fidedignas.
4. Regras de integração e transformação utilizadas para preencher os dados.
5. Regras de integração e transformação utilizadas para fornecer informações às ferramentas analíticas do utilizador final.
6. Informações de subscrição para o envio de informações aos subscritores da análise.
7. Métricas utilizadas para analisar a utilização e o desempenho dos armazéns.
8. Autorizações de segurança, lista de controlo de acesso, etc.

Os metadados são utilizados para criar, manter, gerir e utilizar os armazéns de dados. Os metadados permitem o acesso dos utilizadores para ajudar a compreender o conteúdo e a encontrar dados.

Alguns exemplos de metadados são:

1. Um catálogo de biblioteca pode ser considerado metadados. Os metadados do diretório consistem em vários componentes predefinidos que representam atributos específicos de um recurso, e cada item pode ter um ou mais valores. Estes componentes podem ser o nome do autor, o nome do documento, o nome do editor, a data de publicação e os métodos a que pertence.
2. A tabela de conteúdos e o índice de um livro podem ser tratados como metadados para o livro.
3. Suponha que dizemos que um dado sobre uma pessoa é 80. Isto deve ser definido observando que é o peso da pessoa e a unidade é quilogramas. Portanto, (peso, quilogramas) é o metadado sobre o dado é 80.
4. Outro exemplo de metadados são os dados sobre as tabelas e figuras num relatório como este livro. Uma tabela (que é um registo) tem um nome (por exemplo, títulos de tabelas) e existem nomes de colunas das tabelas que podem ser tratados como metadados. As figuras também têm títulos ou nomes.

Necessidade de metadados em armazéns de dados

- Em primeiro lugar, actua como a cola que liga todas as partes dos armazéns de dados.
- Em seguida, fornece informações sobre os conteúdos e as estruturas aos programadores.
- Finalmente, abre as portas aos utilizadores finais e torna os conteúdos reconhecíveis nos seus termos.

Metadados são como um **centro nervoso**. Vários processos durante a construção e administração do data warehouse geram partes dos metadados do data warehouse. Outro utiliza partes dos metadados gerados por um processo. No depósito de dados, os metadados assumem uma posição chave e permitem a comunicação entre vários métodos. Actuam como um centro nevrálgico no armazém de dados.

Tipos de metadados

Os metadados num armazém de dados dividem-se em três partes principais:

- Metadados operacionais

- Metadados de extração e transformação
- Metadados do utilizador final

Metadados operacionais

Como sabemos, os dados para o armazém de dados provêm de vários sistemas operacionais da empresa. Estes sistemas de origem incluem diferentes estruturas de dados. Os elementos de dados selecionados para o armazém de dados têm vários comprimentos de campos e tipos de dados.

Ao selecionar informação dos sistemas de origem para os armazéns de dados, dividimos registos, combinamos factores de documentos de diferentes ficheiros de origem e lidamos com múltiplos esquemas de codificação e comprimentos de campos. Quando entregamos informação aos utilizadores finais, temos de ser capazes de a associar aos conjuntos de dados de origem. Os metadados operacionais contêm toda esta informação sobre as fontes de dados operacionais.

Metadados de extração e transformação

Os metadados de extração e transformação incluem dados sobre a remoção de dados dos sistemas de origem, nomeadamente, as frequências de extração, os métodos de extração e as regras de negócio para a extração de dados. Além disso, esta categoria de metadados contém informações sobre toda a transformação de dados que ocorre na área de preparação de dados.

Metadados do utilizador final

Os metadados do utilizador final são o mapa de navegação dos armazéns de dados. Permitem aos utilizadores finais encontrar dados dos armazéns de dados. Os metadados do utilizador final permitem que os utilizadores finais utilizem a sua terminologia comercial e procurem a informação da forma como habitualmente pensam na empresa.

<u>Repositório de Metadados</u>

Os metadados propriamente ditos estão alojados e são controlados pelo repositório de metadados. O software de gestão do repositório de metadados pode ser utilizado para mapear os dados de origem para a base de dados de destino, integrar e transformar os dados, gerar código para a transformação de dados e mover os dados para o armazém.

<u>Vantagens do repositório de metadados</u>

1. Fornece um conjunto de ferramentas para a gestão de metadados em toda a empresa.
2. Elimina e reduz a incoerência, a redundância e a subutilização.
3. Melhora o controlo da organização, simplifica a gestão e a contabilidade dos activos de informação.
4. Aumenta a coordenação, a compreensão, a identificação e a utilização dos activos de informação.
5. Aplica normas de desenvolvimento CASE com a capacidade de partilhar e reutilizar metadados.
6. Aproveita o investimento em sistemas antigos e utiliza as aplicações existentes.
7. Fornece um modelo relacional para que os SGBDR heterogéneos partilhem informações.
8. Fornece uma ferramenta útil de administração de dados para gerir os activos de informação da empresa com o dicionário de dados.
9. Aumenta a fiabilidade, o controlo e a flexibilidade do processo de desenvolvimento de aplicações.

CAPÍTULO III

Data Mart

Data Mart

Um **Data Mart** é um subconjunto de um armazenamento de informações diretas, geralmente orientado para um objetivo específico ou um assunto de dados primário que pode ser distribuído para satisfazer as necessidades da empresa. Os Data Marts são armazenamentos de registos analíticos concebidos para se centrarem em funções empresariais específicas para uma comunidade específica dentro de uma organização. Os data marts são derivados de subconjuntos de dados num data warehouse, embora na metodologia de conceção bottom-up, o data warehouse seja criado a partir da união de data marts organizacionais.

A utilização fundamental de um data mart são as aplicações de **Business Intelligence (BI). O BI** é utilizado para recolher, armazenar, aceder e analisar registos. Pode ser utilizado por pequenas empresas para utilizar os dados que acumularam, uma vez que é menos dispendioso do que implementar um armazém de dados.

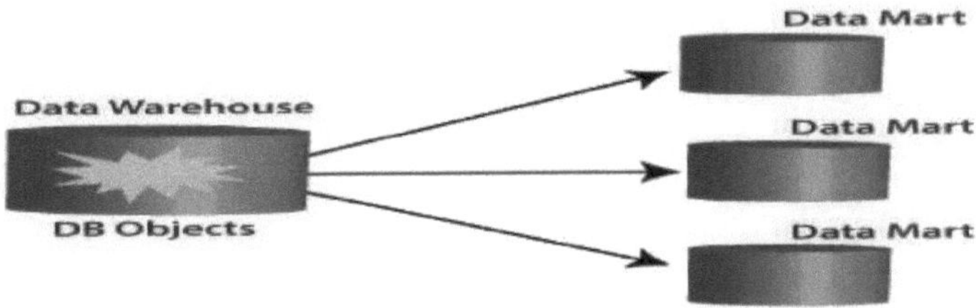

Razões para criar um data mart

* Cria dados colectivos por um grupo de utilizadores
* Fácil acesso a dados frequentemente necessários
* Facilidade de criação
* Melhora o tempo de resposta do utilizador final
* Custo mais baixo do que a implementação de um armazém de dados completo
* Os potenciais clientes são definidos de forma mais clara do que num armazém de dados abrangente
* Contém apenas dados comerciais essenciais e é menos confuso.

Tipos de Data Marts

Existem principalmente duas abordagens para a conceção de data marts. Estas abordagens são
* Data Marts dependentes
* Data Marts independentes

Data Marts dependentes

Um data marts dependente é um subconjunto lógico de um subconjunto físico de um data warehouse superior. De acordo com esta técnica, os bancos de dados são tratados como subconjuntos de um armazém de dados. Nesta técnica, em primeiro lugar, é criado um armazém de dados a partir do qual podem ser criados vários data marts. Estes data marts dependem do armazém de dados e extraem dele os registos essenciais. Nesta técnica, como o armazém de dados cria o data mart, não há necessidade de integração do data mart. É também conhecida como uma **abordagem descendente**.

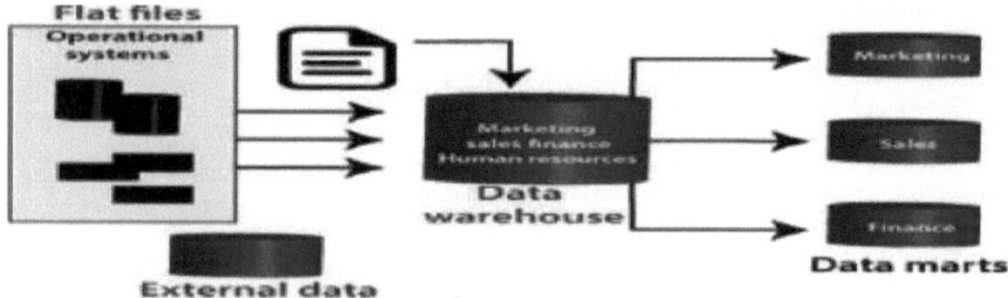

Data Marts independentes

A segunda abordagem é a dos Data Marts independentes (IDM). Nesta abordagem, em primeiro lugar, são criados Data Marts independentes e, em seguida, é concebido um armazém de dados utilizando estes múltiplos Data Marts independentes. Nesta abordagem, como todos os data marts são concebidos de forma independente, é necessária a integração dos data marts. É também designada por **abordagem ascendente**, uma vez que os data marts são integrados para desenvolver um data warehouse.

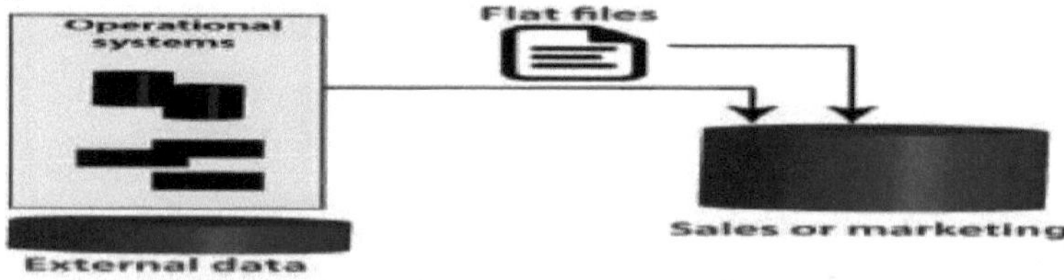

Para além destas duas categorias, existe mais um tipo que se designa por "**Dados híbridos Marts**".

Data Marts híbridos

Permite-nos combinar dados de outras fontes para além de um armazém de dados. Isto pode ser útil em muitas situações, especialmente quando são necessárias integrações adhoc, como depois de um novo grupo ou produto ser adicionado às organizações.

Etapas da implementação de um Data Mart

As etapas importantes na implementação de um data mart consistem em conceber o esquema, construir o armazenamento físico, preencher o data mart com dados dos sistemas de origem, aceder a esses dados para tomar decisões informadas e geri-los ao longo do tempo. Assim, as etapas são:

Conceção

A etapa de conceção é a primeira do processo do data mart. Esta fase abrange todas as funções, desde o início do pedido de um data mart até à recolha de dados sobre os requisitos e ao desenvolvimento do projeto lógico e físico do data mart.

Envolve as seguintes tarefas:

1. Recolha dos requisitos comerciais e técnicos
2. Identificação das fontes de dados
3. Seleção do subconjunto de dados adequado
4. Conceber a arquitetura lógica e física do data mart.

Construir

Esta etapa inclui a criação da base de dados física e das estruturas lógicas associadas ao data mart, de modo a proporcionar um acesso rápido e eficiente aos dados.

Envolve as seguintes tarefas:

1. Criar a base de dados física e as estruturas lógicas, como os espaços de tabela associados ao data mart.

2. criar os objectos de esquema, como tabelas e índices, descritos na etapa de conceção.

3. Determinar a melhor forma de configurar as tabelas e as estruturas de acesso.

População

Esta etapa inclui todas as tarefas relacionadas com a obtenção de dados da fonte, a sua limpeza, a sua modificação para o formato e nível de detalhe corretos e a sua transferência para o data mart.

Envolve as seguintes tarefas:

1. Mapeamento de fontes de dados para fontes de dados de destino

2. Extração de dados

3. Limpar e transformar a informação.

4. Carregamento de dados no data mart

5. Criar e armazenar metadados

Acesso

Esta etapa envolve a utilização dos dados: consultar os dados, analisá-los, criar relatórios, tabelas e gráficos e publicá-los.

Envolve as seguintes tarefas:

1. Criar uma camada intermédia (Meta Layer) para ser utilizada pela ferramenta de front-end. Esta camada traduz as operações da base de dados e os nomes dos objectos em condições comerciais, para que os clientes finais possam interagir com o data mart utilizando palavras relacionadas com as funções comerciais.

2. Configurar e gerir arquitecturas de bases de dados como tabelas resumidas que ajudam as consultas acordadas através das ferramentas de front-end a serem executadas rápida e eficientemente.

Gestão

Esta etapa consiste em gerir o data mart durante o seu tempo de vida. Nesta etapa, as funções de gestão são executadas como:

1. Proporcionar um acesso seguro aos dados.

2. Gerir o crescimento dos dados.

3. Otimização do sistema para um melhor desempenho.

4. Garantir a disponibilidade dos dados em caso de falha do sistema.

<u>Diferença entre Data Warehouse e Data Mart</u>

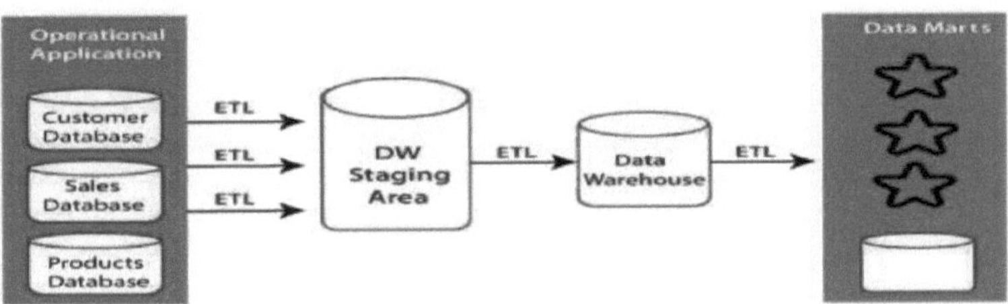

Armazém de dados	Data Mart
Um Data Warehouse é um vasto repositório de informações recolhidas de várias organizações ou departamentos de uma empresa.	Um data mart é um subtipo único de um Data Warehouses. Trata-se de uma arquitetura destinada a satisfazer as necessidades de um grupo de utilizadores específico.
Pode conter várias áreas temáticas.	Contém apenas uma área temática. Por exemplo, Finanças ou Vendas.
Contém informações muito pormenorizadas.	Pode conter dados mais resumidos.
Trabalha para integrar todas as fontes de dados	Concentra-se na integração de dados de uma determinada área temática ou de um conjunto de sistemas de origem.
No armazenamento de dados, é utilizada a constelação de factos.	No Data Mart, são utilizados o Star Schema e o Snowflake Schema.
O Data Warehousing é orientado para os dados.	O Data Marts é um projeto orientado.

Modelação dimensional

A modelação dimensional representa os dados com uma operação de cubo, tornando mais adequada a representação lógica dos dados com a gestão de dados OLAP. A perceção da Modelação Dimensional foi desenvolvida por **Ralph Kimball** e é constituída por tabelas **"facto"** e **"dimensão"**.

Na modelação dimensional, o registo da transação é dividido em **"factos"**, que são frequentemente dados numéricos da transação, ou em **"dimensões"**, que são as informações de referência que dão contexto aos factos. Por exemplo, uma transação de venda pode ser dividida em factos, como o número de produtos encomendados e o preço pago pelos produtos, e em dimensões, como a data da encomenda, o nome do utilizador, o número do produto, os locais de entrega e de faturação da encomenda e o vendedor responsável pela receção da encomenda.

Objectivos da modelação dimensional

Os objectivos da modelação dimensional são:

1. Produzir uma arquitetura de base de dados que seja fácil para os clientes finais compreenderem e escreverem consultas.

2. Para maximizar a eficiência das consultas. Atinge estes objectivos minimizando o número de tabelas e as relações entre elas.

Vantagens da modelação dimensional

Os benefícios da modelação dimensional são os seguintes:

A modelação dimensional é simples: Os métodos de modelação dimensional permitem que os designers de armazéns criem esquemas de bases de dados que os clientes empresariais possam facilmente ter e compreender. Não é necessária uma vasta formação sobre como ler diagramas e não existe uma relação complicada entre diferentes elementos de dados.

A modelação dimensional promove a qualidade dos dados: O esquema em estrela permite aos administradores do armazém aplicar verificações de integridade referencial no armazém de dados. Uma vez que a chave de informação factual é uma concatenação dos elementos essenciais das suas dimensões associadas, um registo factual é ativamente carregado se os registos das dimensões correspondentes estiverem devidamente descritos e também existirem na base de dados.

Ao aplicar restrições de chave externa como forma de verificação da integridade referencial, os DBAs de armazéns de dados adicionam uma linha de defesa contra dados de armazéns corrompidos.

A otimização do desempenho é possível através de agregados: À medida que a dimensão do armazém de dados aumenta, a otimização do desempenho torna-se uma preocupação premente. Os clientes que têm de esperar horas para obter uma resposta a uma consulta ficam rapidamente desmotivados com os armazéns. Os agregados são um dos métodos mais fáceis de otimizar o desempenho das consultas.

Desvantagens da modelação dimensional

1. Para manter a integridade dos factos e das dimensões, é complicado carregar os armazéns de dados com um registo proveniente de vários sistemas operacionais.

2. É difícil modificar o funcionamento do armazém de dados se a organização que adopta a técnica dimensional alterar o método em que faz negócios.

Elementos de modelação dimensional

Facto

É uma coleção de itens de dados associados, consistindo em medidas e dados de contexto. Representa normalmente elementos comerciais ou transacções comerciais.

Dimensões

Trata-se de um conjunto de dados que descrevem uma dimensão empresarial. As dimensões determinam o contexto dos factos e constituem o quadro em que o OLAP é executado.

Medida

É um atributo numérico de um facto, que representa o desempenho ou o comportamento da empresa relativamente às dimensões.

Considerando o contexto relacional, existem dois modelos básicos que são utilizados na modelação dimensional:

- Modelo estrela
- Modelo floco de neve

O modelo em estrela é a estrutura subjacente a um modelo dimensional. Tem uma tabela central ampla (tabela de factos) e um conjunto de tabelas mais pequenas (dimensões) dispostas num desenho radial em torno da tabela principal.

O modelo de floco de neve é a conclusão da decomposição de uma ou mais dimensões.

Tabela de factos

As tabelas de factos são utilizadas para registar factos ou medidas na empresa. Os factos são os elementos de dados numéricos que interessam à empresa.

Caraterísticas da tabela Fact

A tabela de factos inclui valores numéricos daquilo que medimos. Por exemplo, um valor de facto de 20 pode significar que foram vendidos 20 widgets.

Cada tabela de factos inclui as chaves para as tabelas de dimensões associadas. Estas são conhecidas como chaves estrangeiras na tabela de factos.

As tabelas de factos incluem normalmente um pequeno número de colunas.

Quando comparadas com as tabelas de dimensão, as tabelas de factos têm um grande número de linhas.

Tabela de dimensões

As tabelas dimensionais estabelecem o contexto dos factos. As tabelas dimensionais armazenam campos que descrevem os factos.

<u>**Caraterísticas do quadro Dimensão**</u>

As tabelas de dimensão contêm os detalhes sobre os factos. Isto, por exemplo, permite que os analistas empresariais compreendam melhor os dados e os seus relatórios.

As tabelas de dimensão incluem dados descritivos sobre os valores numéricos na tabela de factos. Ou seja, contêm os atributos dos factos. Por exemplo, as tabelas de dimensão para uma função de análise de marketing podem incluir atributos como tempo, região de marketing e tipo de produto.

Uma vez que o registo numa tabela de dimensão é desnormalizado, normalmente tem um grande número de colunas. As tabelas de dimensão incluem significativamente menos linhas de informação do que a tabela de factos.

Os atributos numa tabela de dimensão são utilizados como cabeçalhos de linhas e colunas num documento ou numa apresentação de resultados de consulta.

Exemplo: Uma cidade e um estado podem ver um resumo da loja numa tabela de factos. O resumo dos artigos pode ser visualizado por marca, cor, etc. As informações do cliente podem ser visualizadas por nome e endereço.

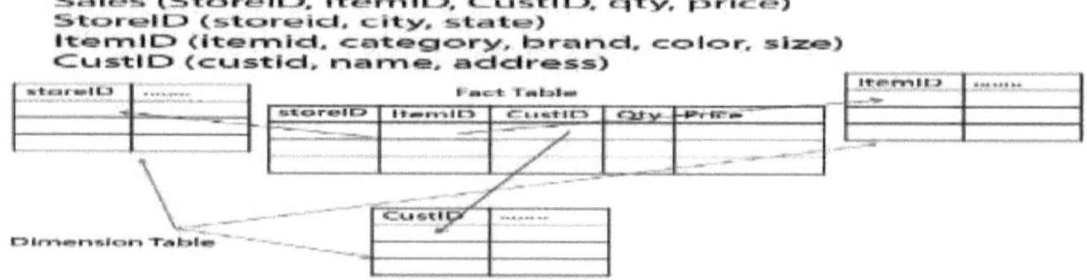

<u>**Tabela de factos**</u>

ID do tempo	ID do produto	ID do cliente	Unidade Vendida
4	17	2	1
8	21	3	2
8	4	1	1

Neste exemplo, a coluna ID do cliente na tabela de factos é a chave externa que se junta à tabela de dimensões. Seguindo as ligações, podemos ver que a linha 2 da tabela de factos regista o facto de o cliente 3, Gaurav, ter comprado dois artigos no dia 8.

<u>**Tabelas de dimensões**</u>

ID do cliente	Nome	Género	Rendimento	Educação	Região
1	Rohan	Masculino	2	3	4
2	Sandeep	Masculino	3	5	1
3	Gaurav	Masculino	1	7	3

Hierarquia

Uma hierarquia é uma árvore dirigida cujos nós são atributos dimensionais e cujos arcos modelam a associação de muitos para um entre a equipa de atributos dimensionais. Contém uma dimensão, posicionada na raiz da árvore, e todos os atributos dimensionais que a definem.

Modelo de dados multi-dimensional

Um modelo multidimensional visualiza os dados sob a forma de um cubo de dados. Um cubo de dados permite que os dados sejam modelados e visualizados em múltiplas dimensões. É definido por dimensões e factos.

As dimensões são as perspectivas ou entidades relativamente às quais uma organização mantém registos. Por exemplo, uma loja pode criar um armazém de dados de vendas para manter registos das vendas da loja para a dimensão tempo, item e localização. Estas dimensões permitem que a loja mantenha um registo de coisas, por exemplo, vendas mensais de artigos e os locais onde os artigos foram vendidos. Cada dimensão tem uma tabela relacionada a ela, chamada de tabela dimensional, que descreve a dimensão com mais detalhes. Por exemplo, uma tabela dimensional para um item pode conter os atributos nome_do_item, marca e tipo.

Um modelo de dados multidimensional é organizado em torno de um tema central, por exemplo, vendas. Este tema é representado por uma tabela de factos. Os factos são medidas numéricas. A tabela de factos contém os nomes dos factos ou medidas das tabelas dimensionais relacionadas.

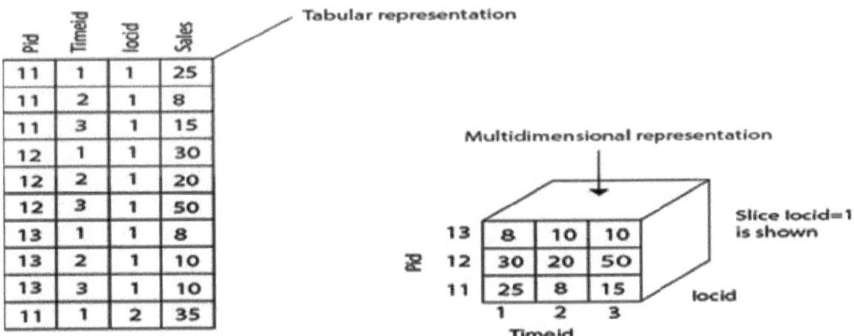

Considere os dados de uma loja relativos aos artigos vendidos por trimestre na cidade de Deli. Os dados são apresentados no quadro. Nesta representação 2D, as vendas de Deli são mostradas para a dimensão tempo (organizada em trimestres) e para a dimensão artigo (classificada de acordo com
os tipos de um artigo vendido). O facto ou a medida apresentada em rupia_sold (em milhares).

Location="Delhi"				
	item (type)			
Time (quarter)	Egg	Milk	Bread	Biscuit
Q1	260	508	15	60
Q2	390	256	20	90
Q3	436	396	50	40
Q4	528	483	35	50

Por exemplo, suponha que os dados de acordo com a hora e o item, bem como a localização, são considerados para as cidades de Chennai, Calcutá, Mumbai e Deli. Estes dados 3D são apresentados na tabela. Os dados 3D da tabela são representados como uma série de tabelas 2D.

Time	Location="Chennai"				Location="Kolkata"				Location="Mumbai"				Location="Delhi"			
	item				item				item				item			
	Egg	Milk	Bread	Biscuit	Egg	Milk	Bread	Biscuit	Egg	Milk	Bread	Biscuit	Egg	Milk	Bread	Biscuit
Q1	340	360	20	10	435	460	20	15	390	385	20	39	260	508	15	60
Q2	490	490	16	50	389	385	45	35	463	366	25	48	390	256	20	90
Q3	680	583	46	43	684	490	39	48	568	594	36	39	436	396	50	40
Q4	535	694	39	38	335	365	83	35	338	484	48	80	528	483	35	50

Conceptualmente, também pode ser representado pelos mesmos dados sob a forma de um cubo de dados 3D, como mostra a figura:

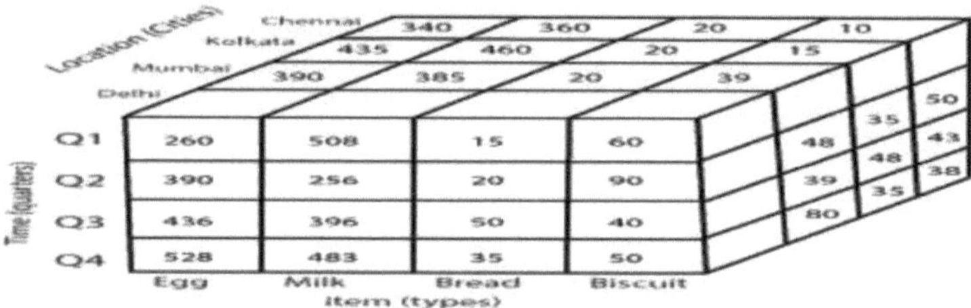

Cubo de dados

Quando os dados são agrupados ou combinados em matrizes multidimensionais denominadas cubos de dados. O método do cubo de dados tem alguns nomes alternativos ou algumas variantes, como "Bases de dados multidimensionais", "vistas materializadas" e "OLAP (On-Line Analytical Processing)".

A ideia geral desta abordagem é materializar certos cálculos dispendiosos que são frequentemente solicitados.

Por exemplo, uma relação com o esquema de vendas (peça, fornecedor, cliente e preço de venda) pode ser materializada num conjunto de oito vistas, como se mostra na figura, em que **psc** indica uma vista que consiste num valor de função agregado (como vendas totais) calculado pelo agrupamento de três atributos: peça, fornecedor e cliente, **p** indica uma vista composta pelos valores de função agregados correspondentes calculados pelo agrupamento apenas da peça, etc.

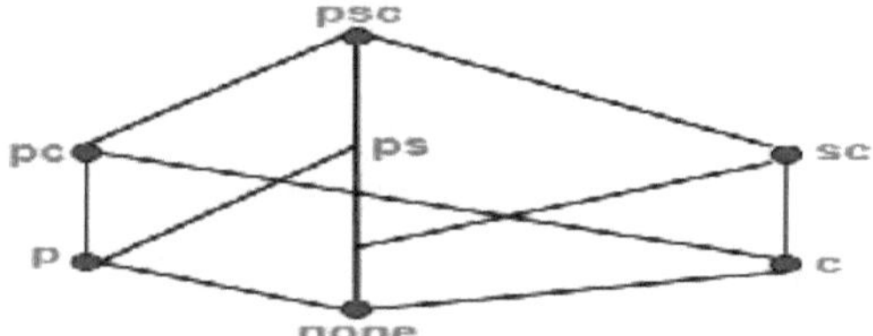

Eight views of data cubes for sales information.

Oito vistas de cubos de dados para informações de vendas.

Um cubo de dados é criado a partir de um subconjunto de atributos da base de dados.

Atributos específicos são escolhidos para serem atributos de medida, ou seja, os atributos cujos valores são de interesse. Outros atributos são selecionados como dimensões ou atributos funcionais. Os atributos de medida são agregados de acordo com as dimensões.

Por exemplo, a XYZ pode criar um armazém de dados de vendas para manter registos das vendas da loja para as dimensões tempo, item, filial e localização. Essas dimensões permitem que a loja acompanhe coisas como vendas mensais de itens e as filiais e locais em que os itens foram vendidos. Cada dimensão pode ter uma tabela identificada com ela, conhecida como tabela dimensional, que descreve as dimensões. Por exemplo, uma tabela de dimensão para itens pode conter os atributos nome_do_item, marca e tipo.

O método dos cubos de dados é uma técnica interessante com muitas aplicações. Os cubos de dados podem ser esparsos em muitos casos porque nem todas as células de cada dimensão podem ter dados correspondentes na base de dados.

Devem ser desenvolvidas técnicas para tratar eficazmente os cubos esparsos.

Se uma consulta contém constantes em níveis ainda mais baixos do que os fornecidos num cubo de dados, não é claro como fazer a melhor utilização dos resultados pré-computados armazenados no cubo de dados.

O modelo visualiza os dados sob a forma de um cubo de dados. As ferramentas OLAP são baseadas no modelo de dados multidimensional. Os cubos de dados normalmente modelam dados n-dimensionais.

Um cubo de dados permite que os dados sejam modelados e visualizados em várias dimensões. Um modelo de dados multidimensional é organizado em torno de um tema central, como vendas e transacções. Uma tabela de factos representa este tema. Os factos são medidas numéricas. Assim, a tabela de factos contém medidas (como Rs_sold) e chaves para cada uma das tabelas dimensionais relacionadas.

As dimensões são um facto que define um cubo de dados. Os factos são geralmente quantidades, que são utilizadas para analisar a relação entre as dimensões.

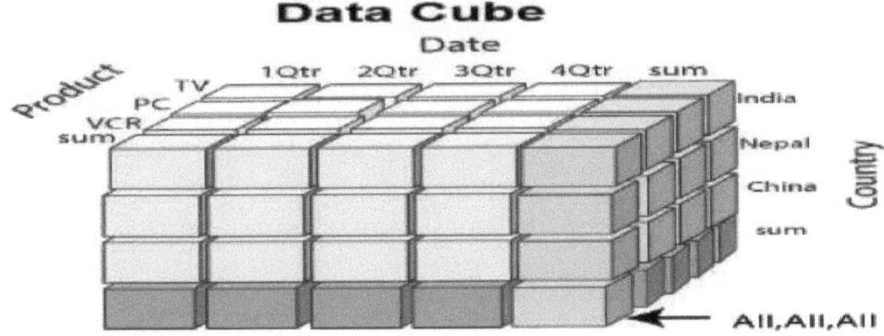

Exemplo: Na **representação 2-D**, vamos analisar os dados de vendas de todos os **artigos** electrónicos **vendidos por trimestre** na cidade de Vancouver. A exibição medida em dólares vendidos (em milhares).

2-D view dos dados de vendas

<h1 align="center">2-D view of Sales Data</h1>

time (quarter)	location "Vancouver"			
	item (type)			
	home entertainment	computer	phone	security
Q1	605	825	14	400
Q2	680	952	31	512
Q3	812	1023	30	501
Q4	927	1038	38	580

Cubóides tridimensionais

Suponhamos que gostaríamos de visualizar os dados de vendas com uma terceira dimensão. Por exemplo, suponhamos que gostaríamos de visualizar os dados de acordo com a hora, o item e a localização das cidades de Chicago, Nova Iorque, Toronto e Vancouver. A exibição medida em dólares vendidos (em milhares). Estes dados 3-D são apresentados na tabela. Os dados 3-D da tabela são representados como uma série de tabelas 2-D.

<h1 align="center">Vista 3-D dos dados de vendas
3-D view of Sales Data</h1>

location —"Chicago"					location —"New York"					location —"Toronto"			
item					item					item			
time	home ent.	comp.	phone	sec.	time	home comp.	phone	sec.		home ent.	comp.	phone	sec.
Q1	854	882	89	623	1087	968	38	872		818	746	43	591
Q2	943	890	64	698	1130	1024	41	925		804	769	52	682
Q3	1032	924	59	789	1034	1048	45	1002		940	795	58	728
Q4	1129	992	63	870	1142	1091	54	984		978	864	59	784

Conceptualmente, podemos representar os mesmos dados sob a forma de cubos de dados 3-D, como se mostra em

fig:

<h3 align="center">Cubo Dala 3-D</h3>

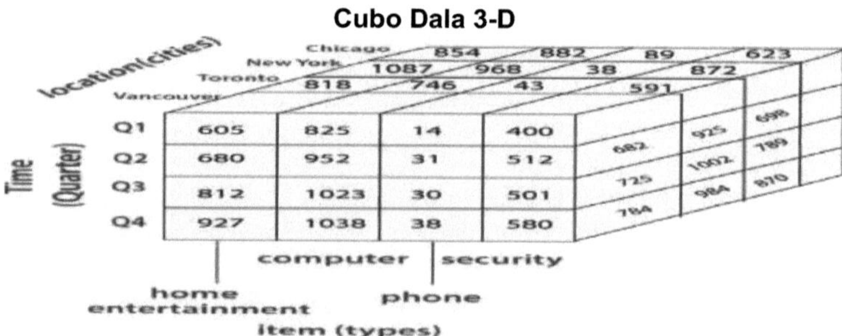

Suponhamos que gostaríamos de visualizar os nossos dados de vendas com uma quarta dimensão adicional, como um fornecedor.

No armazenamento de dados, os cubos de dados são n-dimensionais. O cuboide que contém o nível mais baixo de compactação é designado por **cuboide de base**.

Por exemplo, o **cuboide 4-D** na figura é o cuboide de base para as dimensões de tempo, item, localização e fornecedor dadas.

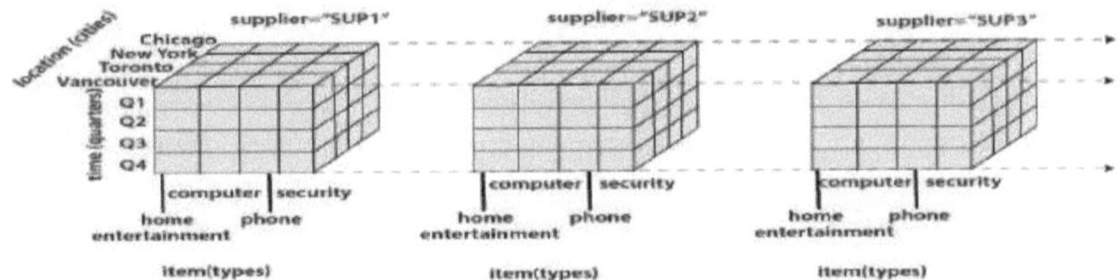

A figura mostra uma representação **em cubo de dados 4-D** de dados de vendas, de acordo com as dimensões tempo, item, local e fornecedor. A medida exibida é dólares vendidos (em milhares).

O **cuboide 0-D** mais elevado, que contém o nível mais alto de compactação, é conhecido como cuboide de vértice. Neste exemplo, este é o total de vendas, ou dólares vendidos, resumido nas quatro dimensões.

A grelha de cubóides forma um cubo de dados. A figura mostra a grelha de cubóides que cria cubos de dados 4-D para a dimensão tempo, item, localização e fornecedor. Cada cuboide representa um grau diferente de compactação.

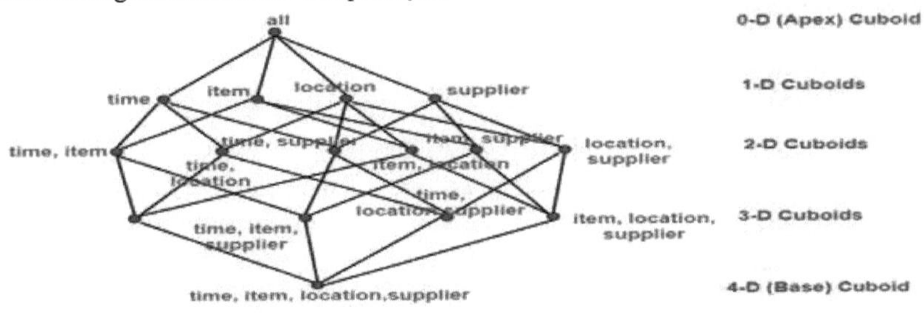

CAPÍTULO IV

Extração de dados

Definição de extração de dados

O processo de extração de informação para identificar padrões, tendências e dados úteis que permitam à empresa tomar decisões baseadas em dados a partir de grandes conjuntos de dados é designado por Data Mining.

Por outras palavras, podemos dizer que a extração de dados é o processo de investigação de padrões ocultos de informação em várias perspectivas para categorização em dados úteis, que são recolhidos e reunidos em áreas específicas, como armazéns de dados, análise eficiente, algoritmo de extração de dados, ajuda à tomada de decisões e outros requisitos de dados para eventualmente reduzir custos e gerar receitas.

A prospeção de dados é o ato de procurar automaticamente grandes reservas de informação para encontrar tendências e padrões que ultrapassam os procedimentos de análise simples. A extração de dados utiliza algoritmos matemáticos complexos para segmentos de dados e avalia a probabilidade de eventos futuros. A extração de dados é também designada por Descoberta de Conhecimento de Dados (KDD).

A extração de dados é um processo utilizado pelas organizações para extrair dados específicos de grandes bases de dados para resolver problemas empresariais. Essencialmente, transforma dados brutos em informações úteis.

A extração de dados é semelhante à ciência dos dados, realizada por uma pessoa, numa situação específica, sobre um determinado conjunto de dados, com um objetivo. Este processo inclui vários tipos de serviços, como a extração de texto, a extração na Web, a extração de áudio e vídeo, a extração de dados pictóricos e a extração nas redes sociais. É efectuado através de software simples ou altamente específico. Ao subcontratar a extração de dados, todo o trabalho pode ser feito mais rapidamente com baixos custos operacionais. As empresas especializadas podem também utilizar as novas tecnologias para recolher dados impossíveis de localizar manualmente. Há toneladas de informações disponíveis em várias plataformas, mas muito pouco conhecimento é acessível. O maior desafio é analisar os dados para extrair informações importantes que podem ser usadas para resolver um problema ou para o desenvolvimento da empresa.

Há muitos instrumentos e técnicas poderosos disponíveis para extrair dados e encontrar melhores informações a partir deles.

História da extração de dados

Nos **anos 90**, foi introduzido o termo "Data Mining", mas a prospeção de dados é a evolução de um sector com uma longa história.

As primeiras técnicas de identificação de padrões nos dados incluem o teorema de Bayes (**anos 1700**) e a evolução da regressão (**anos 1800**). A geração e o poder crescente da informática impulsionaram a recolha, o armazenamento e a manipulação de dados, à medida que os conjuntos de dados aumentaram de tamanho e de nível de complexidade. A investigação prática e explícita de dados foi progressivamente melhorada com o processamento indireto e automático de dados e outras descobertas da informática, como as redes neuronais, a agregação, os algoritmos genéticos (**década de 1950**), as árvores de decisão (**década de 1960**) e as máquinas vectoriais de apoio (**década de 1990**).

As origens da extração de dados remontam a três linhas familiares: A estatística clássica, a inteligência artificial e a aprendizagem automática.

Estatísticas clássicas:

A estatística é a base da maior parte da tecnologia em que assenta a extração de dados, como a análise de regressão, o desvio padrão, a distribuição padrão, a variância padrão, a análise discriminatória, a análise de agrupamentos e os intervalos de confiança. Todos eles são utilizados para analisar dados e a ligação de dados.

Inteligência Artificial:

A IA ou Inteligência Artificial baseia-se na heurística, por oposição à estatística. Tenta aplicar um processamento semelhante ao pensamento humano a problemas estatísticos. Um conceito específico de IA foi adotado por alguns produtos comerciais de topo de gama, como os módulos de otimização de consultas para **sistemas de gestão de bases de dados relacionais (RDBMS).**

Aprendizagem automática:

A aprendizagem automática é uma combinação de estatística e IA. Pode ser considerada como uma evolução da IA porque mistura heurísticas de IA com análises estatísticas complexas. A aprendizagem automática tenta permitir que os programas de computador conheçam os dados que estão a estudar, de modo a que os programas tomem uma decisão distinta com base nas caraterísticas dos dados examinados. Utiliza estatísticas para conceitos básicos e acrescenta mais heurísticas e algoritmos de IA para atingir o seu objetivo.

Caraterísticas da extração de dados

- Previsões automáticas de padrões baseadas na análise de tendências e comportamentos.
- Ajuda a agência governamental ao escavar e analisar registos de transacções financeiras para criar padrões que podem detetar o branqueamento de capitais ou actividades criminosas.
- Previsão baseada em resultados prováveis.
- Capacidade de automatizar e interligar fluxos de trabalho complexos de vários processos para alcançar o resultado
- Criação de informação orientada para a tomada de decisões.
- Aumenta a fidelidade à marca.
- Concentração em grandes conjuntos de dados e bases de dados para análise.

Tipos de extração de dados

A extração de dados pode ser efectuada nos seguintes tipos de dados:

Base de dados relacional:

Uma base de dados relacional é uma coleção de vários conjuntos de dados formalmente organizados por tabelas, registos e colunas, a partir dos quais os dados podem ser acedidos de várias formas sem ter de reconhecer as tabelas da base de dados. As tabelas transmitem e partilham informações, o que facilita a pesquisa, a elaboração de relatórios e a organização dos dados.

Armazéns de dados:

Um Data Warehouse é a tecnologia que recolhe os dados de várias fontes dentro da organização para fornecer informações comerciais significativas. A enorme quantidade de dados provém de vários locais, como o Marketing e as Finanças. Os dados extraídos são utilizados para fins analíticos e ajudam na tomada de decisões de uma organização empresarial. O armazém de dados foi concebido para a análise de dados e não para o processamento de transacções.

Repositórios de dados:

O Repositório de Dados refere-se geralmente a um destino para armazenamento de dados. No entanto, muitos profissionais de TI utilizam o termo de forma mais clara para se referirem a um tipo específico de configuração dentro de uma estrutura de TI. Por exemplo, um grupo de bases de dados, onde uma organização guarda vários tipos de informação.

Base de dados objeto-relacional:

Uma combinação de um modelo de base de dados orientado para os objectos e de um modelo de base de dados relacional é designada por modelo objeto-relacional. Suporta classes, objectos, herança, etc.

Um dos principais objectivos do modelo de dados objeto-relacional é colmatar a lacuna entre a base de dados relacional e as práticas de modelo orientadas para os objectos frequentemente utilizadas em muitas linguagens de programação, por exemplo, C++, Java, C#, etc.

Base de dados transacional:

Uma base de dados transacional refere-se a um sistema de gestão de bases de dados (SGBD) que tem a possibilidade de anular uma transação de base de dados se esta não for executada de forma adequada. Embora esta fosse uma capacidade única há muito tempo atrás, atualmente, a maioria dos sistemas de bases de dados relacionais suporta actividades de bases de dados transaccionais.

Extração de dados Vs Armazenamento de dados

Extração de dados	Armazenamento de dados
A extração de dados é o processo de determinação de padrões de dados.	Um data warehouse é um sistema de base de dados concebido para análise.
A extração de dados é geralmente considerada como o processo de extração de dados úteis de um grande conjunto de dados.	O armazenamento de dados é o processo de combinação de todos os dados relevantes.
Os empresários realizam a extração de dados com a ajuda de engenheiros.	O armazenamento de dados é inteiramente efectuado pelos engenheiros.
Na extração de dados, os dados são analisados repetidamente.	No armazenamento de dados, os dados são armazenados periodicamente.
A extração de dados utiliza técnicas de reconhecimento de padrões para identificar padrões.	A armazenagem de dados é o processo de extração e armazenamento de dados que permite a elaboração de relatórios mais facilmente.
Uma das técnicas de prospeção de dados mais surpreendentes é a deteção e identificação dos erros indesejados que ocorrem no sistema.	Uma das vantagens do armazém de dados é a sua capacidade de atualização frequente. É por isso que é ideal para empresários que querem estar a par das últimas novidades.
As técnicas de extração de dados são economicamente eficientes em comparação com outras aplicações de dados estatísticos.	A responsabilidade do armazém de dados é simplificar todos os tipos de dados comerciais.
As técnicas de extração de dados não são 100% exactas. Em determinadas condições, podem ter consequências graves.	No armazém de dados, existe uma grande possibilidade de os dados necessários para a análise da empresa não serem integrados no armazém. Isso pode simplesmente levar à perda de dados.
As empresas podem beneficiar desta ferramenta analítica, equipando-a com dados adequados e acessíveis baseados	O armazém de dados armazena uma enorme quantidade de dados históricos que ajudam os utilizadores a analisar diferentes períodos e

| no conhecimento. | tendências para fazer previsões futuras. |

Vantagens e desvantagens da extração de dados

Vantagens da extração de dados:

- **Marketing/Retalho:**

Os profissionais de marketing direto podem beneficiar da extração de dados ao fornecerem tendências precisas e úteis relativamente aos hábitos de compra do seu público-alvo. Estas tendências permitem aos profissionais de marketing direcionar os seus esforços de marketing para o seu mercado-alvo com maior precisão. Para os consumidores com um longo historial de compras de software, o marketing de uma empresa de software pode promover o seu novo produto.

Além disso, a extração de dados pode ajudar os profissionais de marketing a fazer previsões sobre os produtos que os seus clientes-alvo podem estar interessados em comprar. Os profissionais de marketing podem surpreender os consumidores e melhorar a experiência de compra ao efectuarem esta previsão. As técnicas de prospeção de dados também podem ser vantajosas para os estabelecimentos retalhistas. Por exemplo, a gestão da loja pode combinar prateleiras e artigos de stock específicos ou fornecer um preço baseado em padrões apoiados pela prospeção de dados que atraiam os clientes.

- **Banca/Crédito:**

As empresas financeiras podem beneficiar da prospeção de dados em áreas como a documentação de crédito e os registos de empréstimos. Um banco, por exemplo, pode determinar o grau de risco associado a cada empréstimo específico, avaliando os consumidores anteriores que partilham caraterísticas comparáveis. A prospeção de dados também pode ajudar os emissores de cartões de crédito a alertar os clientes para transacções de cartões de crédito possivelmente fraudulentas. Os emissores de cartões de crédito podem reduzir as suas perdas, apesar de a tecnologia de extração de dados só por vezes prever cobranças fraudulentas com 100% de precisão.

- **Fabrico:**

Os fabricantes podem detetar equipamentos defeituosos e estabelecer os melhores parâmetros de controlo utilizando a prospeção de dados em dados de engenharia operacional. Por exemplo, os fabricantes de semicondutores enfrentam um dilema, uma vez que, mesmo em diversos ambientes de fabrico das instalações de produção de bolachas, a qualidade das bolachas é geralmente a mesma e algumas apresentam mesmo falhas por razões inexplicáveis. A prospeção de dados tem sido utilizada para identificar as gamas de parâmetros de controlo que resultam no fabrico da bolacha dourada. As bolachas de qualidade desejada são então produzidas utilizando essas definições de controlo ideais.

- **Identificação do cliente:**

Cada consumidor no mercado é único nas suas formas. Os seus comportamentos e caraterísticas fundamentais são diferentes. Como resultado, é mais fácil compreender as suas preferências com a metodologia correta. As empresas podem identificar melhor os seus clientes com a extração de dados, aumentando a probabilidade de estes comprarem os seus produtos.

- **Deteção de actividades criminosas:**

Os governos e outras instituições podem utilizar dados de análise de mercado para identificar criminosos. Por exemplo, os dados podem ser estruturados de modo a facilitar a análise das transacções anteriores de um cliente. Como resultado, pode revelar rapidamente qualquer atividade fraudulenta.

- **Administração de empresas:**

O processo de extração de dados permite novas perspectivas de negócio. A prospeção de dados pode ser utilizada com todos os produtos para adotar a estratégia adequada da empresa. A título de exemplo, a entrega do produto adequado ao cliente ajuda a garantir as vendas do produto. Além disso, as informações da prospeção de dados permitirão às organizações utilizar várias estratégias de marketing.

- **Técnicas de marketing:**

As empresas podem criar modelos de dados utilizando abordagens de extração de dados. Com estes modelos, podem determinar rapidamente quais as pessoas que estariam interessadas nos seus produtos. Como resultado, as empresas podem ter a certeza de que os produtos que introduzem serão rentáveis. Por conseguinte, quaisquer que sejam os novos produtos apresentados, estes contribuirão para o aumento dos lucros da empresa.

Justiça penal:

Ao descobrir padrões de localização, tipo de crime, hábitos e outros padrões de comportamento, a extração de dados pode ajudar as autoridades policiais a localizar e prender criminosos.

<u>Desvantagens da extração de dados</u>

- **Questões de privacidade:**

As empresas recolhem dados sobre os seus clientes de várias formas para compreender as tendências dos seus hábitos de compra. Especialmente agora que a Internet está em plena expansão com as redes sociais, o comércio eletrónico, os fóruns e os blogues, as preocupações com a privacidade pessoal têm vindo a aumentar significativamente. As pessoas receiam que as suas informações pessoais sejam recolhidas e utilizadas de forma pouco ética, o que as pode colocar em sérios problemas devido a questões de privacidade. No entanto, as empresas não duram para sempre; ocasionalmente, podem ser compradas por outra empresa ou encerrar completamente o seu negócio. Nessa altura, é provável que vendam ou divulguem as informações pessoais que possuem.

- **Preocupações de segurança:**

Uma das principais preocupações é a segurança. Os números da Segurança Social, datas de nascimento, informações sobre salários e outros pormenores sobre clientes e empregados são propriedade das empresas. Mas ainda é preciso determinar o grau de proteção destas informações. Muitas grandes empresas, como a Ford Motor Credit Company e a Sony Pictures, viram hackers aceder e roubar grandes quantidades de dados de consumidores. O cartão de crédito foi roubado e o roubo de identidade tornou-se um problema importante devido ao facto de estarem disponíveis tantas informações financeiras e pessoais.

- **Informações que foram utilizadas incorretamente ou que são erradas:**

As técnicas de extração de dados podem ser utilizadas indevidamente para recolher informações com objectivos pouco éticos. Utilizando esta informação em seu benefício, indivíduos ou organizações sem ética podem discriminar um determinado grupo de pessoas ou aproveitar-se dos mais fracos. Uma outra desvantagem da extração de dados é a sua precisão imperfeita. As informações inexactas terão repercussões importantes se forem utilizadas para tomar decisões.

Caro:

Um procedimento particularmente dispendioso é a extração de dados. Por exemplo, as empresas precisam de contratar mais pessoal e peritos técnicos para garantir que a extração de dados é feita corretamente. O software avançado de extração de dados é necessário para muitas empresas, mas pode ser dispendioso. Uma vez que é necessário obter informações mais úteis, a extração de dados custa muitas vezes mais do que poupa à maioria das pequenas empresas.

- **Conhecimentos técnicos:**

Dependendo da forma como devem ser utilizadas, estão disponíveis várias ferramentas de extração mineira. Cada uma delas tem um algoritmo e uma conceção distintos. A seleção da ferramenta adequada só é possível com os conhecimentos técnicos necessários. Por isso, é necessário enviar um especialista competente para tratar da seleção da ferramenta.

- **Exatidão:**

Embora a prospeção de dados tenha criado um quadro para a recolha simples de dados com as suas técnicas, a sua precisão continua a ser limitada. A tomada de decisões pode ser dificultada por informações erróneas que tenham sido adquiridas.

- **São necessárias grandes bases de dados para a extração de dados:**

Embora a extração de dados seja uma das ferramentas mais eficazes no arsenal de um profissional de marketing, tem os seus desafios. Uma dessas desvantagens é o facto de serem necessários enormes conjuntos de dados para que a extração de dados seja eficaz. Por exemplo, se uma lista de correio eletrónico contiver apenas 100 subscritores, serão necessários mais do que os dados desses e-mails para a extração de dados. Por outro lado, haverá mais informações disponíveis e a extração de dados será mais bem sucedida se a lista tiver 100.000 pessoas.

- **Os métodos de extração de dados não são perfeitos:**

Só por vezes é possível obter informações exactas através da extração de dados. Existem inúmeros métodos de análise de dados, alguns dos quais mais precisos do que outros.

Os modelos preditivos, por exemplo, baseiam-se na expetativa de que serão descobertos padrões de dados específicos. Quando apenas alguns factos sustentam uma previsão, isto pode resultar numa sobrestimação da sua exatidão. Outro problema surge quando uma base de dados contém dados em falta que devem ser considerados para produzir uma análise exacta.

Aplicações de extração de dados

O Data Mining é utilizado principalmente por organizações com uma procura intensa por parte dos consumidores - retalho, comunicação, finanças, empresas de marketing, para determinar o preço, as preferências dos consumidores, o posicionamento dos produtos e o impacto nas vendas, na satisfação dos clientes e nos lucros da empresa. A prospeção de dados permite a um retalhista utilizar registos de compras de clientes no ponto de venda para desenvolver produtos e promoções que ajudem a organização a atrair o cliente.

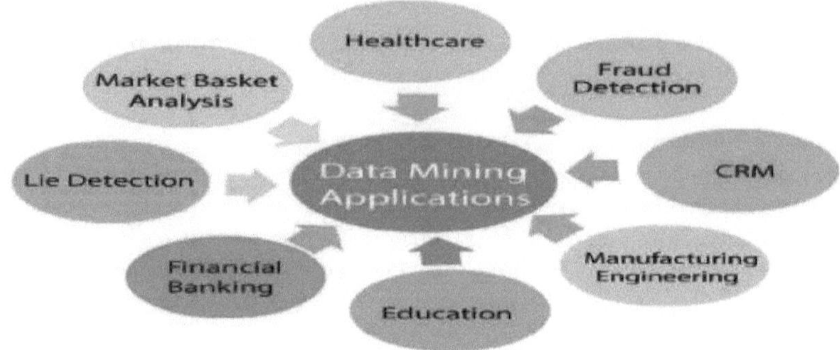

São os seguintes os domínios em que a extração de dados é amplamente utilizada:

Extração de dados nos cuidados de saúde:

A extração de dados no sector da saúde tem um excelente potencial para melhorar o sistema de saúde. Utiliza dados e análises para obter melhores conhecimentos e identificar as melhores práticas que irão melhorar os serviços de cuidados de saúde e reduzir os custos. Os analistas utilizam abordagens de extração de dados, como a aprendizagem automática, a base de dados multidimensional, a visualização de dados, a computação flexível e a estatística. A extração de dados pode ser utilizada para prever os doentes em cada categoria. Os procedimentos garantem que os doentes recebem cuidados intensivos no local certo e na altura certa. A extração de dados também permite às seguradoras de cuidados de saúde reconhecer fraudes e abusos.

Extração de dados na análise de cabazes de compras:

A análise do cabaz de compras é um método de modelação baseado numa hipótese. Se o utilizador comprar um grupo específico de produtos, é mais provável que compre outro grupo de produtos. Esta técnica pode permitir ao retalhista compreender o comportamento de compra de um comprador. Estes dados podem ajudar o retalhista a compreender as necessidades do comprador e a alterar a disposição da loja em conformidade. Utilizando uma análise diferente, é possível comparar os resultados entre várias lojas e entre clientes de diferentes grupos demográficos.

Extração de dados na educação:

A prospeção de dados no domínio da educação é um domínio emergente que se preocupa com o desenvolvimento de técnicas que exploram o conhecimento a partir dos dados gerados em ambientes educativos. Os objectivos da EDM são reconhecidos como a afirmação do futuro comportamento de aprendizagem do aluno, o estudo do impacto do apoio educativo e a promoção da ciência da aprendizagem. Uma organização pode utilizar a prospeção de dados para tomar decisões precisas e também para prever os resultados do aluno. Com os resultados, a instituição pode concentrar-se no que ensinar e como ensinar.

Exploração de dados em engenharia de fabrico:

O conhecimento é o melhor ativo de uma empresa de produção. As ferramentas de extração de dados podem ser benéficas para encontrar padrões num processo de fabrico complexo. A extração de dados pode ser utilizada na conceção a nível do sistema para obter as relações entre a arquitetura do produto, a carteira de produtos e as necessidades de dados dos clientes. Também pode ser utilizada para prever o período de desenvolvimento do produto, o custo e as expectativas, entre outras tarefas.

Data Mining em CRM (Customer Relationship Management):

A Gestão da Relação com o Cliente (CRM) tem a ver com a obtenção e manutenção de clientes, bem como com o reforço da fidelização do cliente e a implementação de estratégias orientadas para o cliente. Para conseguir uma relação decente com o cliente, uma organização empresarial precisa de recolher dados e de os analisar. Com as tecnologias de extração de dados, os dados recolhidos podem ser utilizados para análise.

Data Mining na deteção de fraudes:

Perdem-se milhares de milhões de dólares devido à ação das fraudes. Os métodos tradicionais de deteção de fraudes são um pouco morosos e sofisticados. A extração de dados fornece padrões significativos e transforma dados em informação. Um sistema ideal de deteção de fraudes deve proteger os dados de todos os utilizadores. Os métodos supervisionados consistem numa coleção de registos de amostra e estes registos são classificados como fraudulentos ou não fraudulentos. É construído um modelo com base nestes dados e a técnica é efectuada para identificar se o documento é fraudulento ou não.

Extração de dados na deteção de mentiras:

Apanhar um criminoso não é um grande problema, mas descobrir a verdade sobre ele é uma tarefa muito difícil. As autoridades policiais podem utilizar técnicas de extração de dados para investigar infracções, monitorizar comunicações de suspeitos de terrorismo, etc. Esta técnica também inclui a extração de texto e procura padrões significativos nos dados, que normalmente são textos não estruturados. As informações recolhidas nas investigações anteriores são comparadas e é construído um modelo de deteção de mentiras.

Exploração de dados da banca financeira:

A digitalização do sistema bancário deverá gerar uma enorme quantidade de dados com cada nova transação. A técnica de prospeção de dados pode ajudar os banqueiros a resolver problemas relacionados com a atividade bancária e financeira, identificando tendências, casualidades e correlações na informação empresarial e nos custos de mercado que não são imediatamente evidentes para os gestores ou executivos porque o volume de dados é demasiado grande ou são produzidos demasiado rapidamente no ecrã por especialistas. O gestor pode encontrar estes dados para melhor direcionar, adquirir, reter, segmentar e manter um cliente rentável.

<u>Desafios da implementação na extração de dados</u>

Embora a extração de dados seja muito poderosa, enfrenta muitos desafios durante a sua execução. Os vários desafios podem estar relacionados com o desempenho, os dados, os métodos e as técnicas, etc. O processo de extração de dados torna-se eficaz quando os desafios ou problemas são corretamente reconhecidos e adequadamente resolvidos.

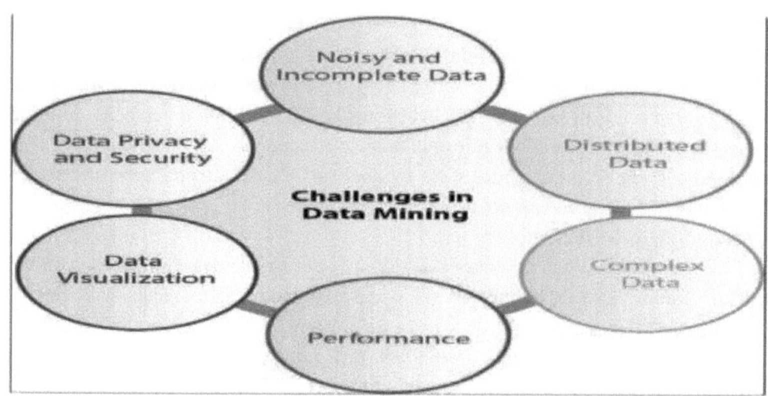

Dados incompletos e ruidosos:

O processo de extração de dados úteis de grandes volumes de dados é a extração de dados. Os dados do mundo real são heterogéneos, incompletos e ruidosos. Os dados em grandes quantidades são geralmente imprecisos ou pouco fiáveis. Estes problemas podem ocorrer devido ao instrumento de medição de dados ou a erros humanos. Suponhamos que uma cadeia de retalho recolhe os números de telefone dos clientes que gastam mais de 500 dólares e que os funcionários da contabilidade introduzem a informação no seu sistema. A pessoa pode cometer um erro de digitação ao introduzir o número de telefone, o que resulta em dados incorrectos. Mesmo alguns clientes podem não estar dispostos a revelar os seus números de telefone, o que resulta em dados incompletos. Os dados podem ser alterados devido a um erro humano ou do sistema. Todas estas consequências (dados ruidosos e incompletos) tornam a extração de dados um desafio.

Distribuição de dados:

Os dados do mundo real são normalmente armazenados em várias plataformas num ambiente de computação distribuída. Podem estar numa base de dados, em sistemas individuais ou mesmo na Internet. Na prática, é uma tarefa bastante difícil colocar todos os dados num repositório de dados centralizado, principalmente devido a preocupações organizacionais e técnicas. Por exemplo, vários escritórios regionais podem ter os seus próprios servidores para armazenar os seus dados. Não é viável armazenar todos os dados de todos os gabinetes num servidor central. Por conseguinte, a extração de dados exige o desenvolvimento de ferramentas e algoritmos que permitam a extração de dados distribuídos.

Dados complexos:

Os dados do mundo real são heterogéneos e podem ser dados multimédia, incluindo áudio e vídeo, imagens, dados complexos, dados espaciais, séries cronológicas, etc. Gerir estes vários tipos de dados e extrair informações úteis é uma tarefa difícil. Na maior parte das vezes, é necessário aperfeiçoar novas tecnologias, novas ferramentas e metodologias para obter informações específicas.

Desempenho:

O desempenho do sistema de extração de dados depende essencialmente da eficiência dos algoritmos e técnicas utilizados. Se o algoritmo e as técnicas concebidos não estiverem à altura, a eficiência do processo de extração de dados será afetada negativamente.

Privacidade e segurança dos dados:
A extração de dados conduz normalmente a problemas graves em termos de segurança, governação e privacidade dos dados. Por exemplo, se um retalhista analisa os detalhes dos artigos comprados, revela dados sobre os hábitos de compra e as preferências dos clientes sem a sua autorização.

Visualização de dados:
Na extração de dados, a visualização de dados é um processo muito importante porque é o principal método que mostra os resultados ao utilizador de uma forma apresentável. Os dados extraídos devem transmitir o significado exato do que se pretende expressar. Mas, muitas vezes, é difícil representar a informação para o utilizador final de uma forma precisa e fácil. Os dados de entrada e as informações de saída são complicados, pelo que é necessário implementar processos de visualização de dados muito eficientes e bem sucedidos para que o processo seja bem sucedido.

<u>Etapas do processo de extração de dados</u>
São muitos os dados que uma empresa recolhe. Saber quais são importantes e quais não são, pode ser bastante difícil. No entanto, o processo de Data Mining torna-o mais fácil.

Mas a extração de dados não acontece com um simples movimento do pulso. São necessários vários passos e aqui estão os 7 passos essenciais a conhecer.

- **Limpeza de dados**

O primeiro passo é a limpeza dos dados recolhidos. As equipas começam a limpar os dados de modo a que estejam de acordo com as normas da indústria. Este passo é super essencial porque os dados incompletos ou sujos podem levar a fracos conhecimentos, bem como a falhas no sistema. Assim, custando à empresa mais dinheiro e tempo.

Todos os dados pouco claros são removidos dos dados adquiridos pela empresa. São utilizados muitos métodos de pré-processamento e de limpeza dos dados. O método a utilizar depende muito dos recursos da empresa.

O método de binning é frequentemente utilizado para remover dados ruidosos, resolver quaisquer inconsistências e identificar valores anómalos.

- **Integração de dados**

A integração de dados é referida como o passo em que diferentes fontes e conjuntos de dados são combinados para efetuar a análise. Efectuada pelos mineiros de dados, é uma das principais técnicas de extração de dados existentes. É utilizada para racionalizar todo o processo de extração, transformação e carregamento.

Muitos especialistas efectuam uma camada adicional de limpeza de dados durante esta fase. Assim, são eliminadas quaisquer inconsistências que possam ter passado na primeira etapa. Muitas ferramentas de extração de dados, incluindo o Microsoft SQL, são utilizadas para integrar dados.

- **Redução de dados para a qualidade dos dados**

Este é o passo em que a informação relevante é extraída para avaliação de padrões e análise de dados. É selecionada uma pequena dimensão de dados e a sua integridade é mantida durante a redução de dados. Podem ser escolhidas muitas estratégias, incluindo a redução do número de dados, a compressão de dados ou a redução da dimensionalidade.

Na redução do número de dados, a quantidade original dos dados é substituída por uma porção mais pequena de dados pelas equipas. Na compressão de dados, os engenheiros oferecem uma generalização comprimida para os dados recolhidos. Na redução da dimensionalidade, a quantidade de atributos é reduzida pelos engenheiros nos dados analíticos.

* **Transformação de dados**

Na etapa de transformação de dados, os dados são transformados numa forma aceitável pelos engenheiros. Isto é feito para garantir que se alinham bem com os objectivos da extração. Os dados de preparação são consolidados para otimizar o processo de extração de dados. Tudo isto permite discernir facilmente os padrões.

Esta etapa inclui o mapeamento de dados, bem como outras técnicas de ciência de dados. As estratégias englobam a eliminação ou a suavização do ruído dos dados. Existem também muitas outras técnicas populares. Estas incluem a discretização, a agregação e a normalização.

* **Extração de dados**

O Data Mining é utilizado para extrair tendências úteis e, em seguida, otimizar a descoberta de conhecimentos para gerar inteligência empresarial. Mas isto só é possível quando uma organização tira o máximo partido dos grandes volumes de dados e acumula o tipo correto de informação.

Os engenheiros aplicam padrões inteligentes aos dados disponíveis. Isto é feito antes de os extrair. Toda a informação é então representada sob a forma de modelos. São utilizadas técnicas de modelação, como a classificação ou o agrupamento, para garantir a exatidão.

* **Avaliação de padrões**

Esta é a fase em que o trabalho nos bastidores pára e os conhecimentos são trazidos para o mundo real. Os especialistas apontam todos e quaisquer padrões que possam ajudar a gerar mais conhecimentos comerciais.

São utilizados modelos, informações em tempo real e dados históricos para obter mais informações sobre vendas, funcionários e clientes. As equipas também utilizam técnicas de visualização de exploração de dados para facilitar a compreensão das informações.

* **Representação do conhecimento na extração de dados**

Para a etapa final, os analistas de dados utilizam vários relatórios, visualização de dados e várias outras ferramentas de extração. A informação é partilhada com outros através destes meios. Antes de iniciar o processo de extração de dados, os líderes empresariais discutem a meta e o objetivo. Isto ajuda os engenheiros a compreender o que têm de procurar.

Os analistas partilham as suas conclusões com a ajuda de relatórios. Os painéis de controlo ou qualquer outra ferramenta de Business Intelligence podem ser utilizados para gerar estes relatórios. As informações são utilizadas pelos proprietários para otimizar a tomada de decisões, eliminar desperdícios, criar campanhas publicitárias poderosas e gerar novos negócios.

<u>Classificação dos sistemas de extração de dados</u>

A prospeção de dados refere-se ao processo de extração de dados importantes a partir de dados brutos. Analisa os padrões de dados em grandes conjuntos de dados com a ajuda de vários programas informáticos. Desde o seu desenvolvimento, a extração de dados está a ser incorporada pelos investigadores no domínio da investigação e do desenvolvimento.

Com a extração de dados, as empresas obtêm mais lucros. Não só ajudou a compreender a procura dos clientes, como também a desenvolver estratégias eficazes para reforçar o volume de negócios global da empresa. Ajudou a determinar os objectivos da empresa para tomar decisões claras.

A recolha e armazenamento de dados e o processamento informático são alguns dos pilares mais fortes da extração de dados. A extração de dados utiliza o conceito de algoritmos matemáticos para segmentar os dados e avaliar a possibilidade de ocorrência de eventos futuros.

Para compreender o sistema e satisfazer os requisitos desejados, a extração de dados pode ser classificada nos seguintes sistemas

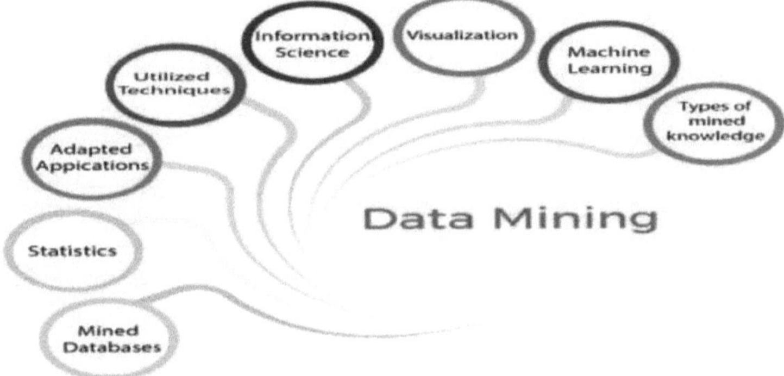

- Classificação com base nas bases de dados extraídas
- Classificação com base no tipo de conhecimento extraído
- Classificação baseada nas técnicas utilizadas
- Classificação com base em aplicações adaptadas

Classificação baseada nas bases de dados extraídas

Um sistema de extração de dados pode ser classificado com base nos tipos de bases de dados que foram extraídas. Um sistema de bases de dados pode ainda ser segmentado com base em princípios distintos, como modelos de dados, tipos de dados, etc., que ajudam a classificar um sistema de extração de dados.

Por exemplo, se quisermos classificar uma base de dados com base no modelo de dados, temos de selecionar sistemas de exploração relacionais, transaccionais, objeto-relacionais ou de data warehouse.

Classificação com base no tipo de conhecimento extraído

Um sistema de extração de dados categorizado com base no tipo de conhecimento que se tem em mente pode ter as seguintes funcionalidades

1. Caracterização
2. Discriminação
3. Análise de associação e correlação
4. Classificação
5. Previsão
6. Análise de Outlier
7. Análise da evolução

Classificação com base nas técnicas utilizadas

Um sistema de extração de dados pode também ser classificado com base no tipo de técnicas que estão a ser incorporadas. Estas técnicas podem ser avaliadas com base no envolvimento da interação do utilizador ou nos métodos de análise utilizados.

Classificação com base nas aplicações adaptadas

Os sistemas de extração de dados classificados com base nas aplicações adaptadas são os seguintes

1. Finanças
2. Telecomunicações
3. ADN
4. Mercados de acções
5. Correio eletrónico

Exemplos de tarefas de classificação

Seguem-se alguns dos principais exemplos de tarefas de classificação:

- A classificação ajuda a determinar se as células tumorais são benignas ou malignas.
- Classificação das transacções com cartão de crédito como fraudulentas ou legítimas.
- Classificação das estruturas secundárias das proteínas em alfa-hélice, folha beta ou bobina aleatória.
- Classificação das notícias em categorias distintas, como finanças, meteorologia, entretenimento, desporto, etc.

<u>Esquemas de integração de sistemas de extração de dados</u>

1. Sem acoplamento

O método de extração de dados não utiliza nenhuma das caraterísticas da base de dados ou do armazém de dados, recupera dados de uma determinada fonte e utiliza determinados algoritmos de extração de dados para os processar. O resultado da extração de dados é armazenado num outro ficheiro.

2. Acoplamento solto

O sistema de extração de dados pode utilizar algumas das caraterísticas da base de dados e do sistema de armazenamento de dados neste esquema. Recolhe informações dos dados respiratórios geridos por estes sistemas e efectua a extração de dados com base nessas informações. Em seguida, armazena o resultado da extração numa base de dados ou num armazém de dados, num ficheiro ou num local designado.

3. Acoplamento semi-estanque

O método de extração de dados está ligado a uma base de dados ou a um sistema de armazém de dados através de um acoplamento semi-estanque e, além disso, podem ser dadas na base de dados implementações poderosas de alguns primitivos da extração de dados.

4. Acoplamento forte

Neste sistema de acoplamento, o método de extração de dados é facilmente integrado na base de dados ou no sistema de armazenamento de dados. O subsistema de extração de dados é tratado como um elemento funcional de um sistema de informação.

CAPÍTULO v

Ferramentas e técnicas de extração de dados

Processo de implementação da prospeção de dados

Muitos sectores diferentes estão a tirar partido da extração de dados para aumentar a eficiência das suas empresas, incluindo a indústria transformadora, química, marketing, aeroespacial, etc. Por conseguinte, a necessidade de um processo convencional de extração de dados melhorou efetivamente. As técnicas de extração de dados devem ser fiáveis, repetíveis por indivíduos da empresa com pouco ou nenhum conhecimento do contexto da extração de dados. Como resultado, foi introduzido pela primeira vez em 1990 um processo normalizado inter-industrial para a extração de dados (CRISP-DM), após a realização de muitos workshops e a contribuição de mais de 300 organizações.

A extração de dados é descrita como um processo de descoberta de dados preciosos ocultos através da avaliação da enorme quantidade de informação armazenada em armazéns de dados, utilizando múltiplas técnicas de extração de dados, como a Inteligência Artificial (IA), a aprendizagem automática e a estatística.

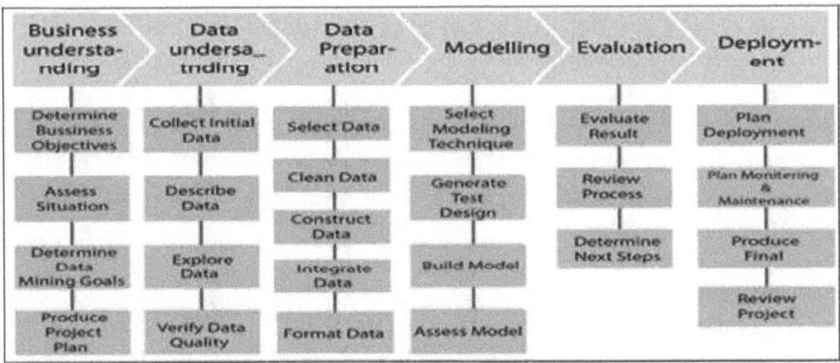

Vamos examinar em pormenor o processo de implementação da extração de dados:

O processo padrão intersectorial para extração de dados (CRISP-DM)

O CRISP-DM (Cross-industry Standard Process of Data Mining) é composto por seis fases concebidas como um método cíclico, como mostra a figura:

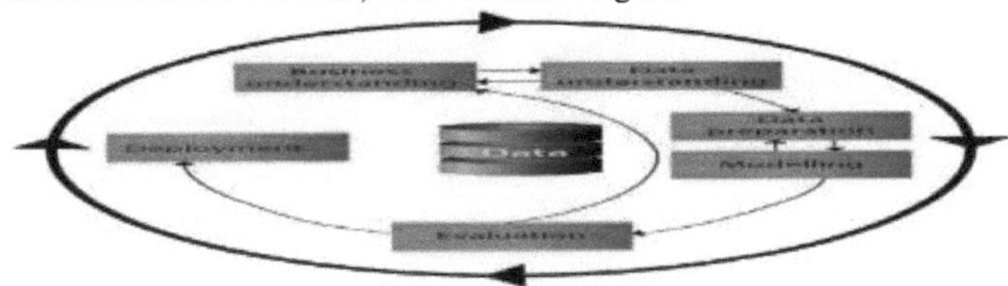

1. Compreensão do negócio:

Centra-se na compreensão dos objectivos e requisitos do projeto de um ponto de vista empresarial, convertendo depois esta informação num problema de prospeção de dados e, em seguida, num plano preliminar concebido para atingir o objetivo.

Tarefas:

*   Determinar os objectivos comerciais
*   Situação do acesso
*   Determinar os objectivos da extração de dados

- Elaborar um plano de projeto

Determinar os objectivos comerciais:

- Compreende os objectivos e os pré-requisitos do projeto de um ponto de vista comercial.
- Compreender profundamente o que o cliente pretende alcançar.
- Revelar factores significativos, no início, pode ter impacto no resultado do projeto.

Situação de acesso:

Requer uma análise mais detalhada dos factos sobre todos os recursos, restrições, pressupostos e outros que devem ser considerados.

Determinar os objectivos da extração de dados:

- Um objetivo comercial indica o alvo da terminologia comercial. Por exemplo, aumentar as vendas por catálogo ao cliente atual.
- Um objetivo de extração de dados descreve os objectivos do projeto. Por exemplo, pressupõe quantos objectos um cliente irá comprar, tendo em conta os seus dados demográficos (idade, salário e cidade) e o preço do artigo nos últimos três anos.

Elaborar um plano de projeto:

- Indica o plano orientado para a realização do negócio e o plano de extração de dados.
- O plano do projeto deve definir o conjunto esperado de etapas a realizar durante o resto do projeto, incluindo a técnica mais recente e a melhor seleção de ferramentas.

2. Compreensão dos dados:

A compreensão dos dados começa com uma recolha de dados original e prossegue com operações destinadas a familiarizar-se com os dados, a resolver problemas de qualidade dos dados, a encontrar uma melhor perspetiva dos dados ou a detetar subconjuntos interessantes para hipóteses de informação ocultas.

Tarefas:

- Recolha de dados iniciais
- Descrever os dados
- Explorar dados
- Verificar a qualidade dos dados

Recolher os dados iniciais:

- Adquire as informações mencionadas nos recursos do projeto.
- Inclui o carregamento de dados, se necessário, para a compreensão dos dados.
- Pode levar a etapas originais de preparação de dados.
- Se forem adquiridas várias fontes de informação, a integração é uma questão adicional, quer aqui quer na fase subsequente da preparação dos dados.

Descrever os dados:

- Examina as caraterísticas "brutas" ou "superficiais" das informações obtidas.
- Apresenta um relatório sobre os resultados.

Explorar dados:

- Abordagem de problemas de extração de dados que podem ser resolvidos através de **consultas, visualização** e **elaboração de relatórios,** incluindo:
o Distribuição de caraterísticas importantes, resultados de agregação simples.
o Estabelecer a relação entre o pequeno número de atributos.
o Caraterísticas de subpopulações importantes, análise estática simples.
- Pode aperfeiçoar os objectivos da extração de dados.
- Pode contribuir ou aperfeiçoar a descrição das informações e os relatórios de qualidade.

- Pode contribuir para a transformação e para a preparação de outras informações necessárias.

Verificar a qualidade dos dados:

- Examina a qualidade dos dados e aborda questões.

3. Preparação dos dados:

- Normalmente, é necessário mais de 90 por cento do tempo.
- Abrange todas as operações para construir o conjunto de dados final a partir dos dados originais em bruto
informações.
- É provável que a preparação dos dados seja efectuada várias vezes e não numa ordem prescrita.

Tarefas:

- Selecionar dados
- Dados limpos
- Construir dados
- Integrar dados
- Formatar dados

Selecionar dados:

- Decide quais as informações a utilizar na avaliação.
- Os critérios de seleção dos dados incluem a importância para os objectivos da extração de dados, a qualidade e as limitações técnicas, como os limites do volume ou os tipos de dados.
- Abrange a seleção das caraterísticas e a escolha do documento no quadro.

Dados limpos:

- Pode envolver a seleção de subconjuntos de dados limpos, a inserção de predefinições adequadas ou métodos mais ambiciosos, como a estimativa de informações em falta através de modelos.

Construir dados:

- Inclui a preparação de informação construtiva, como a geração de caraterísticas derivadas, novos documentos completos ou valores transformados de caraterísticas actuais.

Integrar dados:

- A integração de dados refere-se aos métodos através dos quais os dados são combinados a partir de várias tabelas ou documentos para criar novos documentos ou valores.

Dados de formato:

- Os dados de formatação referem-se principalmente a alterações linguísticas produzidas na informação que não alteram o seu significado, mas que podem exigir uma ferramenta de modelação.

4. Modelação:

Na modelação, são selecionados e aplicados vários métodos de modelação e os seus parâmetros são medidos até aos valores ideais. Alguns métodos impõem requisitos específicos à forma dos dados. Por conseguinte, é necessário voltar à fase de preparação dos dados.

Tarefas:

- Selecionar a técnica de modelação
- Gerar projeto de teste
- Construir modelo
- Modelo de acesso

Selecionar a técnica de modelação:
* Seleciona o método de modelação real a utilizar. Por exemplo, árvore de decisão, rede neural.
* Se forem aplicados vários métodos, esta tarefa é efectuada individualmente para cada método.

Gerar teste Conceção:
* Criar um procedimento ou mecanismo para testar a validade e a qualidade do modelo antes de o construir. Por exemplo, na classificação, as taxas de erro são normalmente utilizadas como medidas de qualidade para os modelos de extração de dados. Por conseguinte, é habitual separar o conjunto de dados em conjunto de treino e conjunto de teste, construir o modelo no conjunto de treino e avaliar a sua qualidade no conjunto de teste separado.

Modelo de construção:
* Para criar um ou mais modelos, é necessário executar a ferramenta de modelação no conjunto de dados preparado.

Avaliar o modelo:
* Interpreta os modelos de acordo com a sua experiência no domínio, os critérios de sucesso da extração de dados e a conceção necessária.
* Avalia o sucesso da aplicação da modelação e descobre métodos mais técnicos.
* Contacta posteriormente analistas de negócios e especialistas do domínio para discutir os resultados da prospeção de dados no contexto empresarial.

5. Avaliação:
* No final desta fase, deve ser tomada uma decisão sobre a utilização dos resultados da extração de dados.
* Avalia o modelo de forma eficiente e revê as etapas executadas para construir o modelo e garantir que os objectivos comerciais são devidamente alcançados.
* O principal objetivo da avaliação é determinar uma questão comercial significativa que não tenha sido considerada adequadamente.
* No final desta fase, deve ser tomada uma decisão sobre a utilização dos resultados da extração de dados.

Tarefas:
* Avaliar os resultados
* Processo de revisão
* Determinar os próximos passos

Avaliar os resultados:
* Avalia o grau em que o modelo cumpre os objectivos comerciais da organização.
* Testa o modelo em aplicações de teste na implementação efectiva quando as limitações de tempo e orçamento o permitem e avalia também outros resultados da extração de dados produzidos.
* Revela dificuldades adicionais, sugestões ou informações para futuras instruções.

Processo de revisão:
* O processo de revisão faz uma avaliação mais pormenorizada do compromisso de extração de dados para determinar se existe um fator ou uma tarefa significativa que tenha sido de alguma forma ignorada.
* Analisa os problemas de garantia de qualidade.

Determinar os passos seguintes:
* Nesta fase, a Comissão decide como proceder.

- Decide se deve concluir o projeto e passar à implementação quando necessário ou se deve iniciar outras iterações ou criar novas iniciativas de exploração de dados.

6. Implantação:

Determinar:

- A aplicação refere-se à forma como os resultados devem ser utilizados.

Aplicar os resultados da extração de dados:

- Inclui a pontuação de uma base de dados, a utilização dos resultados como diretrizes da empresa e a pontuação interactiva na Internet.
- A informação adquirida terá de ser organizada e apresentada de forma a poder ser utilizada pelo cliente. No entanto, a fase de implementação pode ser tão fácil como produzir. No entanto, dependendo das exigências, a fase de implementação pode ser tão simples como gerar um relatório ou tão complicada como aplicar um método de extração de dados repetível em todas as organizações.

Tarefas:

- Planeamento da implantação
- Acompanhamento e manutenção do plano
- Elaborar o relatório final
- Projeto de revisão

Implementação do plano:

- Para implementar os resultados da prospeção de dados na empresa, utiliza os resultados da avaliação e conclui uma estratégia de implementação.
- Refere-se à documentação do processo para posterior implementação.

Monitorização e manutenção do plano:

- É importante quando os resultados da extração de dados passam a fazer parte do dia a dia da empresa e do seu ambiente.
- Ajuda a evitar períodos desnecessariamente longos de utilização incorrecta dos resultados da extração de dados.
- É necessária uma análise pormenorizada do processo de controlo.

Elaborar o relatório final:

- O chefe de projeto e a sua equipa podem elaborar um relatório final.
- Pode ser apenas um resumo do projeto e da sua experiência.
- Pode ser uma apresentação final e exaustiva da extração de dados.

Projeto de revisão:

- Os projectos de revisão avaliam o que correu bem e o que correu mal, o que foi mal feito e o que precisa de ser melhorado.

Arquitetura de extração de dados

Os componentes significativos dos sistemas de extração de dados são uma fonte de dados, um motor de extração de dados, um servidor de armazém de dados, o módulo de avaliação de padrões, uma interface gráfica de utilizador e uma base de conhecimentos.

Fonte de dados:

A verdadeira fonte de dados é a base de dados, o armazém de dados, a World Wide Web (WWW), ficheiros de texto e outros documentos. Para que a extração de dados seja bem sucedida, é necessária uma grande quantidade de dados históricos. Normalmente, as organizações armazenam os dados em bases de dados ou armazéns de dados. Os armazéns de dados podem incluir uma ou mais bases de dados, ficheiros de texto, folhas de cálculo ou outros repositórios de dados. Por vezes, até os ficheiros de texto simples ou as folhas de cálculo podem conter informações. Outra fonte primária de dados é a World Wide Web ou a Internet.

Processos diferentes:

Antes de passar os dados para a base de dados ou para o servidor de data warehouse, os dados devem ser limpos, integrados e selecionados. Como a informação provém de várias fontes e em diferentes formatos, não pode ser utilizada diretamente para o procedimento de extração de dados, porque os dados podem não ser completos e exactos. Assim, os primeiros dados têm de ser limpos e unificados. Serão recolhidas mais informações do que as necessárias de várias fontes de dados e apenas os dados de interesse terão de ser selecionados e transmitidos ao servidor. Estes procedimentos não são tão fáceis como se pensa. Podem ser executados vários métodos nos dados como parte da seleção, integração e limpeza.

Servidor de base de dados ou de armazém de dados:

O servidor da base de dados ou do armazém de dados é constituído pelos dados originais que estão prontos a ser processados. Assim, o servidor é responsável pela recuperação dos dados relevantes baseados na extração de dados, de acordo com o pedido do utilizador.

Motor de extração de dados:

O motor de extração de dados é um dos principais componentes de qualquer sistema de extração de dados. Contém vários módulos para executar tarefas de extração de dados, incluindo associação, caraterização, classificação, agrupamento, previsão, análise de séries temporais, etc.

Por outras palavras, podemos dizer que a extração de dados é a raiz da nossa arquitetura de extração de dados. Inclui instrumentos e software utilizados para obter informações e conhecimentos a partir de dados recolhidos de várias fontes de dados e armazenados no armazém de dados.

Módulo de avaliação de padrões:

O módulo de avaliação de padrões é o principal responsável pela medida de investigação do padrão através da utilização de um valor limite. Colabora com o motor de extração de dados para concentrar a pesquisa em padrões interessantes.

Este segmento emprega normalmente medidas de participação que cooperam com os módulos de extração de dados para concentrar a pesquisa em padrões fascinantes. Pode utilizar um limiar de participação para filtrar os padrões descobertos. Por outro lado, o módulo de avaliação de padrões pode ser coordenado com o módulo de extração de dados, dependendo da implementação das técnicas de extração de dados utilizadas. Para uma extração de dados eficiente, sugere-se anormalmente que a avaliação da participação dos padrões seja empurrada, tanto quanto possível, para o processo de extração, a fim de limitar a pesquisa apenas a padrões fascinantes.

Interface gráfica do utilizador:

O módulo de interface gráfica do utilizador (GUI) faz a comunicação entre o sistema de extração de dados e o utilizador. Este módulo ajuda o utilizador a utilizar o sistema de forma fácil e eficiente sem conhecer a complexidade do processo. Este módulo coopera com o sistema de extração de dados quando o utilizador especifica uma consulta ou uma tarefa e apresenta os resultados.

Agrupamento na extração de dados

O agrupamento é um algoritmo não supervisionado baseado na aprendizagem de máquinas que inclui um grupo de pontos de dados em agrupamentos de modo a que os objectos pertençam ao mesmo grupo.

O agrupamento ajuda a dividir os dados em vários subconjuntos. Cada um destes subconjuntos contém dados semelhantes uns aos outros, e estes subconjuntos são designados por clusters. Agora que os dados da nossa base de clientes estão divididos em clusters, podemos tomar uma decisão informada sobre quem achamos que é mais adequado para este produto.

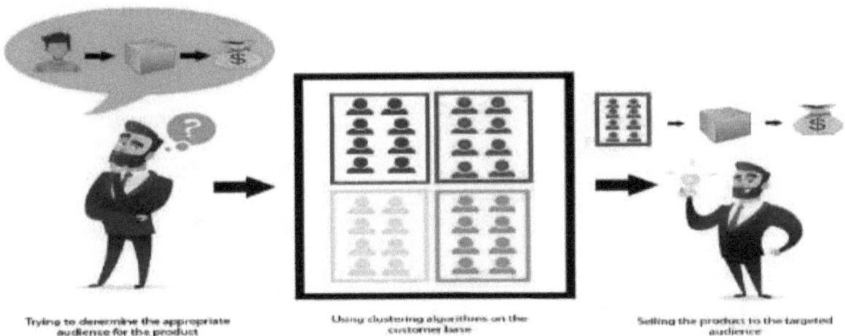

Vamos entender isto com um exemplo: suponhamos que somos um gestor de mercado e temos um novo produto tentador para vender. Temos a certeza de que o produto trará enormes lucros, desde que seja vendido às pessoas certas. Então, como é que podemos saber quem é mais adequado para o produto a partir da enorme base de clientes da nossa empresa?

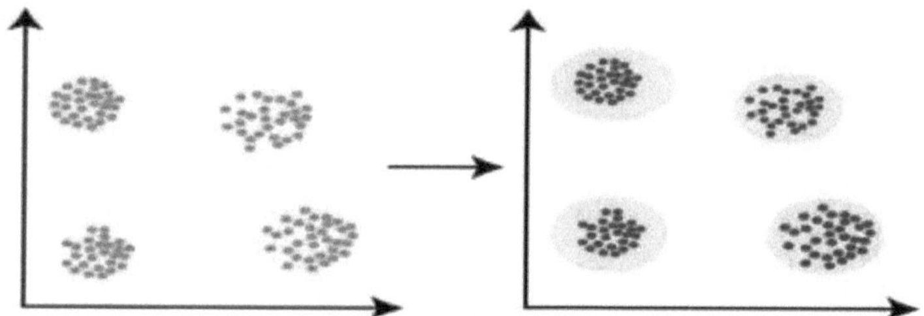

O agrupamento, que se insere na categoria de **aprendizagem automática não supervisionada**, é um dos problemas que os algoritmos de aprendizagem automática resolvem.

O agrupamento utiliza apenas dados de entrada para determinar padrões, anomalias ou semelhanças nos seus dados de entrada.

Um bom algoritmo de agrupamento tem como objetivo obter agrupamentos cujo:

• As semelhanças intra-cluster são elevadas, o que implica que os dados presentes no interior do cluster são semelhantes entre si.

• A semelhança inter-cluster é baixa, o que significa que cada cluster contém dados que não são semelhantes a outros dados.

O que é um Cluster?

• Um cluster é um subconjunto de objectos semelhantes

• Um subconjunto de objectos em que a distância entre qualquer um dos dois objectos do agrupamento é inferior à distância entre qualquer objeto do agrupamento e qualquer objeto que não esteja localizado no mesmo.

• Uma região ligada de um espaço multidimensional com uma densidade comparativamente elevada de objectos.

O que é o agrupamento na extração de dados?

• O agrupamento é o método de conversão de um grupo de objectos abstractos em classes de objectos semelhantes.

• O agrupamento é um método de partição de um conjunto de dados ou objectos num conjunto de subclasses significativas denominadas clusters.

• Ajuda os utilizadores a compreender a estrutura ou o agrupamento natural num conjunto de dados e é utilizado como um instrumento autónomo para obter uma melhor visão da distribuição dos dados ou como uma etapa de pré-processamento para outros algoritmos

Pontos importantes:

• Os objectos de dados de um cluster podem ser considerados como um grupo.

• Em primeiro lugar, dividimos o conjunto de informações em grupos ao efetuar a análise de clusters. Esta baseia-se nas semelhanças entre os dados e, em seguida, atribui os níveis aos grupos.

• A principal vantagem da sobreclassificação é o facto de ser adaptável a modificações e de ajudar a destacar caraterísticas importantes que diferenciam grupos distintos.

Aplicações da análise de clusters na extração de dados:

• Em muitas aplicações, a análise de agrupamento é amplamente utilizada, como a análise de dados, a pesquisa de mercado, o reconhecimento de padrões e o processamento de imagens.

• Ajuda os profissionais de marketing a encontrar diferentes grupos na sua base de clientes e com base nos padrões de compra. Podem caraterizar os seus grupos de clientes.

• Ajuda a localizar documentos na Internet para a descoberta de dados.

• O agrupamento é também utilizado em aplicações de rastreio, como a deteção de fraudes com cartões de crédito.

• Enquanto função de extração de dados, a análise de clusters serve como ferramenta para obter informações sobre a distribuição dos dados e analisar as caraterísticas de cada cluster.

• Em termos de biologia, pode ser utilizado para determinar taxonomias de plantas e animais, categorizar genes com as mesmas funcionalidades e obter informações sobre a estrutura inerente às populações.

• Ajuda na identificação de áreas de terreno semelhantes que são utilizadas numa base de dados de observação da terra e na identificação de grupos de casas numa cidade de acordo com o tipo de casa, o valor e a localização geográfica.

Porque é que o agrupamento é utilizado na extração de dados?

A análise de agrupamentos tem sido um problema em evolução na extração de dados devido à sua variedade de aplicações. O aparecimento de várias ferramentas de agrupamento de dados nos últimos anos e a sua utilização abrangente numa vasta gama de aplicações, incluindo o processamento de imagens, a biologia computacional, as comunicações móveis, a medicina e a economia, devem contribuir para a popularidade destes algoritmos. O principal problema dos algoritmos de agrupamento de dados é o facto de não poderem ser normalizados. O algoritmo avançado pode dar os melhores resultados com um tipo de conjunto de dados, mas pode falhar ou ter um desempenho fraco com outros tipos de conjuntos de dados. Embora tenham sido feitos muitos esforços para normalizar os algoritmos que podem ter um bom desempenho em todas as situações, até à data não se conseguiu nenhum resultado significativo. Até à data, foram propostas muitas ferramentas de agrupamento. No entanto, cada algoritmo tem as suas vantagens ou desvantagens e não pode funcionar em todas as situações reais.

1. Escalabilidade:

A escalabilidade no agrupamento implica que, à medida que aumentamos a quantidade de objectos de dados, o tempo para efetuar o agrupamento deve ser aproximadamente proporcional à ordem de complexidade do algoritmo. Por exemplo, se efectuarmos um agrupamento de meios K, sabemos que é $O(n)$, em que n é o número de objectos nos dados. Se aumentarmos o número de objectos de dados 10 vezes, então o tempo necessário para os agrupar também deverá aumentar aproximadamente 10 vezes. Isto significa que deve existir uma relação linear. Se não for esse o caso, então existe algum erro no nosso processo de implementação.

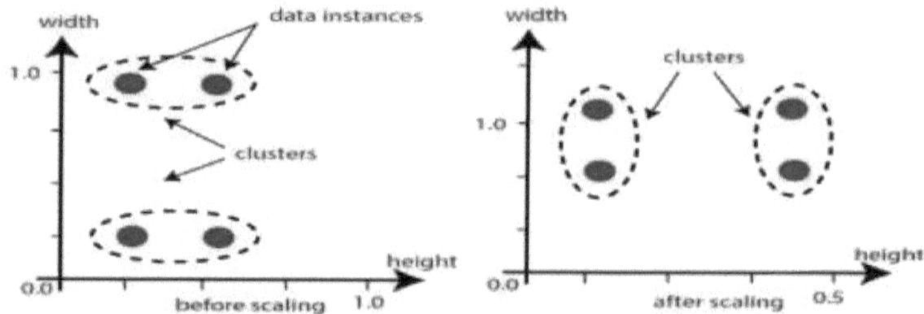

Showing example where scalability may leads to wrong result

2. Interpretabilidade:
Os resultados do agrupamento devem ser interpretáveis, compreensíveis e utilizáveis.

3. Descoberta de clusters com atributos de forma:
O algoritmo de agrupamento deve ser capaz de encontrar agrupamentos de formas arbitrárias. Não devem limitar-se apenas a medidas de distância que tendem a descobrir um agrupamento esférico de pequenas dimensões.

4. Capacidade de lidar com diferentes tipos de atributos:
Os algoritmos devem poder ser aplicados a quaisquer dados, tais como dados baseados em intervalos (numéricos), dados binários e dados categóricos.

5. Capacidade para lidar com dados ruidosos:
As bases de dados contêm dados com ruído, em falta ou incorrectos. Poucos algoritmos são sensíveis a esses dados e podem resultar em agrupamentos de fraca qualidade.

6. Elevada dimensionalidade:
As ferramentas de agrupamento devem ser capazes de lidar não só com o espaço de dados de elevada dimensão, mas também com o espaço de baixa dimensão.

Diferentes tipos de Clustering

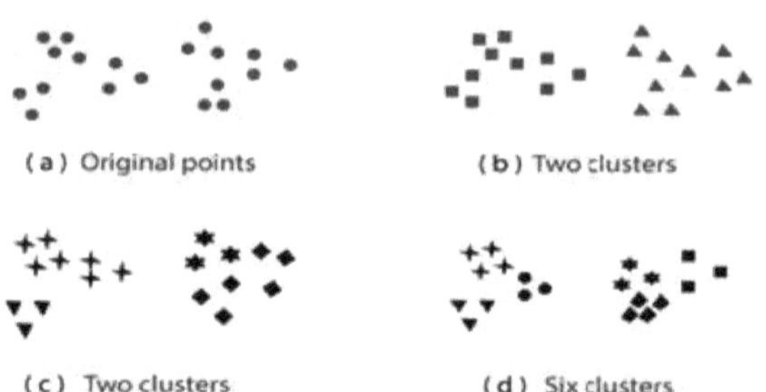

Um grupo inteiro de clusters é normalmente designado por Clustering. Neste caso, distinguimos diferentes tipos de Clustering, tais como **Hierárquico** (aninhado) vs. **Parcial** (não aninhado), **Exclusivo** vs. **Sobreposição** vs. **Difuso** e **Completo** vs. **Parcial**.

- Hierárquico versus Parcial
As diferentes caraterísticas mais frequentemente discutidas entre os vários tipos de agrupamento são o facto de os conjuntos de agrupamentos serem aninhados ou não aninhados ou, numa terminologia mais convencional, particionais ou hierárquicos. Um agrupamento **particional** é normalmente uma distribuição do conjunto de objectos de dados em

subconjuntos não sobrepostos (clusters), de modo a que cada objeto de dados esteja precisamente num subconjunto.

Se permitirmos que os clusters tenham subclusters, obtemos um agrupamento **hierárquico**, que é um grupo de clusters aninhados que estão organizados como uma árvore. Cada nó (cluster) na árvore (exceto os nós das folhas) é a associação dos seus subclusters e as raízes da árvore são o cluster, incluindo todos os objectos. Normalmente, as folhas da árvore são clusters individuais de objectos de dados individuais. Se permitirmos que o cluster seja aninhado, então um esclarecimento da figura 1 (a) é que tem dois subclusters, como ilustra a figura 1 (b), cada um dos quais tem três subclusters mostrados na figura 1 (d). Os clusters apareceram na figura 1 (a-d) quando tomados numa ordem específica, também a partir de um Clustering hierárquico (aninhado), 1, 2, 4 e 6 clusters em cada nível. Finalmente, um agrupamento hierárquico pode ser visto como um arranjo de agrupamentos particionais, e um agrupamento particional pode ser adquirido tomando qualquer membro dessa sequência, ou seja, cortando a árvore hierárquica no nível específico.

Exclusivo versus Sobreposição versus Fuzzy

Os agrupamentos que aparecem na figura são todos **exclusivos**, uma vez que atribuem a responsabilidade de cada objeto a um único agrupamento. Existem numerosas circunstâncias em que um ponto pode ser sensatamente colocado em mais do que um agrupamento, e estas circunstâncias são melhor tratadas por agrupamentos não exclusivos. Em termos gerais, um **Agrupamento sobreposto** ou **não-exclusivo** é utilizado para refletir o facto de um objeto poder pertencer a mais do que um grupo (classe). Por exemplo, uma pessoa numa empresa pode ser simultaneamente um estudante estagiário e um empregado da empresa. Um Agrupamento não-exclusivo também é normalmente utilizado se um objeto estiver "entre" dois ou mais de dois agrupamentos e puder ser sensatamente atribuído a qualquer um desses agrupamentos. Considerar um ponto algures entre dois dos clusters, em vez de fazer uma atribuição totalmente aleatória do objeto a um único cluster, é colocado em todos os clusters em clusters "igualmente bons".

No **agrupamento difuso**, cada objeto pertence a cada agrupamento com um peso de associação que se situa entre 0 e 1. Por outras palavras, os agrupamentos são considerados conjuntos difusos. Em termos matemáticos, um conjunto difuso é definido como um conjunto em que um objeto está associado a qualquer conjunto com um peso que varia entre 0 e 1. No agrupamento difuso, normalmente definimos a restrição adicional e a soma dos pesos de cada objeto deve ser igual a 1. Do mesmo modo, os sistemas de agrupamento probabilístico calculam a probabilidade de cada ponto pertencer a um agrupamento e estas probabilidades devem ser iguais a 1. Uma vez que os pesos ou probabilidades de associação de qualquer objeto são iguais a 1, um agrupamento difuso ou probabilístico não aborda situações reais de multiclasse.

Completo versus Parcial

Um **agrupamento completo** atribui cada objeto a um agrupamento, enquanto o agrupamento parcial não o faz. A inspiração para um **agrupamento parcial** é que alguns objectos num conjunto de dados podem não pertencer a grupos distintos. Na maior parte das vezes, os objectos no conjunto de dados podem produzir valores atípicos, ruído ou "fundo desinteressante". Por exemplo, alguns títulos de notícias podem partilhar um tema comum, como "A produção industrial diminui globalmente em 1,1 por cento", enquanto histórias diferentes são mais frequentes ou únicas.

Consequentemente, para localizar os tópicos significativos nas histórias do último mês, podemos precisar de procurar apenas por grupos de documentos que estejam firmemente relacionados por um assunto comum. Noutros casos, pretende-se um agrupamento completo de objectos. Por exemplo, uma aplicação que utilize o Agrupamento para ordenar documentos para navegação precisa de garantir que todos os documentos podem ser navegados.

Diferentes tipos de Clusters

O agrupamento destina-se a descobrir grupos de objectos úteis (Clusters), em que os objectivos da análise de dados caracterizam a utilidade. Naturalmente, existem várias noções de um cluster que demonstram utilidade na prática. De forma a mostrar visualmente as diferenças entre estes tipos de clusters, utilizamos pontos bidimensionais, como mostra a figura que os tipos de clusters aqui descritos são igualmente válidos para diferentes tipos de dados.

- **Agregado bem separado**

Um cluster é um conjunto de objectos em que cada objeto é mais próximo ou mais semelhante a todos os outros objectos do cluster. Por vezes, é utilizado um limite para indicar que todos os objectos de um agrupamento devem ser adequadamente próximos ou semelhantes entre si. A definição de um agrupamento só é satisfeita quando os dados contêm agrupamentos naturais bastante afastados uns dos outros. A figura ilustra um exemplo de agrupamentos bem separados que compreendem dois pontos num espaço bidimensional. Os agregados bem separados não precisam de ser esféricos, mas podem ter qualquer forma.

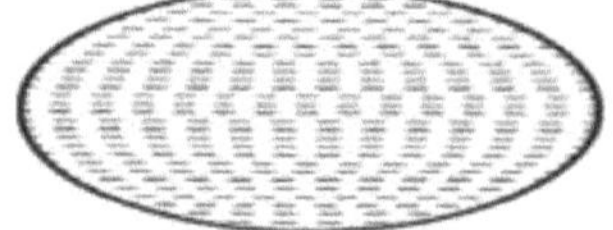 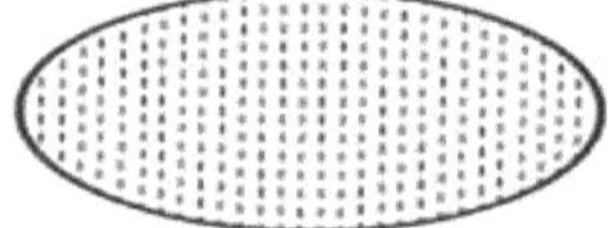

Aglomerados separados por Well

Cluster baseado em protótipos

Um cluster é um conjunto de objectos em que cada objeto é mais próximo ou mais semelhante ao protótipo que caracteriza o cluster do que o protótipo de qualquer outro cluster. Para dados com caraterísticas contínuas, o protótipo de um cluster é normalmente um centróide. Significa a média (Mean) de todos os pontos do cluster quando um centróide não é significativo. Por exemplo, quando os dados têm caraterísticas definidas, o protótipo é normalmente um medóide que é o ponto mais representativo de um agrupamento. Para alguns tipos de dados, o modelo pode ser visto como o ponto mais central e, nesses exemplos, referimo-nos normalmente a agrupamentos baseados em protótipos como agrupamentos baseados em centros. Como seria de esperar, estes agrupamentos tendem a ser esféricos. A figura ilustra um exemplo de agrupamentos baseados no centro.

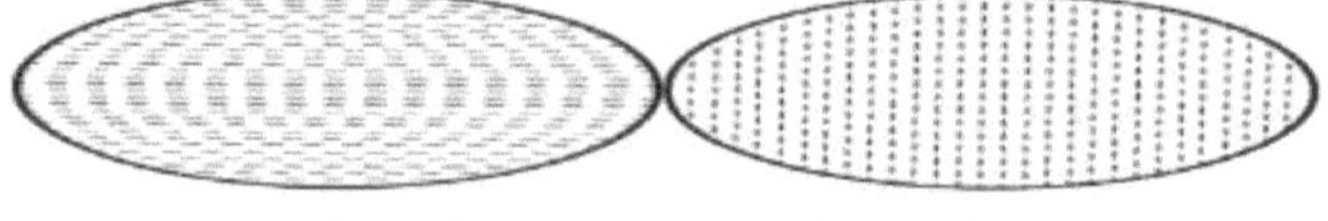

Center-based clusters

- **Cluster baseado em gráficos**

Se os dados forem representados como um gráfico, em que os nós são os objectos, então um cluster pode ser descrito como um **componente ligado**. Trata-se de um grupo de objectos que estão associados entre si, mas que não têm qualquer associação com objectos que estejam fora do grupo. Um exemplo significativo de clusters baseados em grafos são os clusters baseados em contiguidade, em que dois objetos são associados quando são colocados a uma distância específica um do outro. Isto sugere que cada objeto num **grupo baseado na contiguidade** é o mesmo que outro objeto no grupo. As figuras demonstram um exemplo de tais agrupamentos para pontos bidimensionais. O significado de um agrupamento é útil quando os agrupamentos são imprevisíveis ou entrelaçados, mas pode ser difícil quando existe ruído. É mostrado pelos dois agrupamentos circulares na figura; a pequena extensão de pontos pode juntar dois agrupamentos diferentes.

Também são possíveis outros tipos de clusters baseados em grafos. Uma dessas formas descreve um agrupamento como uma **clique**. A clique é um conjunto de nós num grafo que está completamente associado entre si. Em particular, adicionamos ligações entre os objetos de acordo com a sua distância entre si. Um cluster é gerado quando um conjunto de objectos forma uma clique. É como os clusters baseados em protótipos, e esses clusters tendem a ser esféricos.

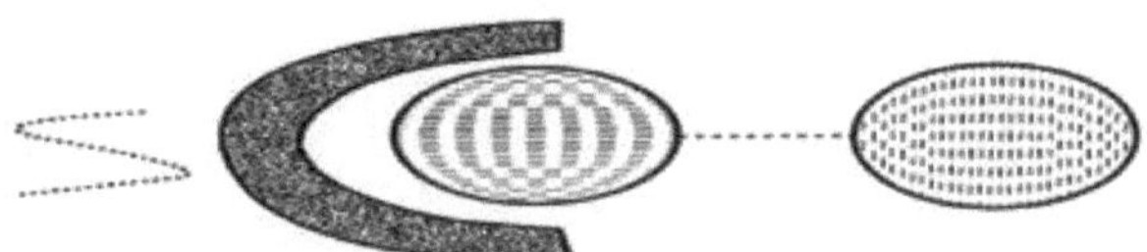

Contiguity-based clusters

* **Cluster baseado em densidade**

Um cluster é um domínio comprimido de objectos que estão rodeados por uma região de baixa densidade. Os dois grupos esféricos não se fundem, como na figura, porque a ponte entre eles desaparece no ruído. Da mesma forma, a curva que está presente na figura desaparece no ruído e não forma um aglomerado na figura. Também desaparece no ruído e não forma um aglomerado mostrado na figura. A definição de um agregado com base na densidade é normalmente utilizada quando os agregados são irregulares e entrelaçados e quando existem ruídos e valores atípicos. Por outro lado, a definição de cluster baseada na contiguidade não funcionaria corretamente para os dados da figura. Uma vez que o ruído tenderia a formar uma rede entre os agregados.

Density-based clusters

* **Propriedade partilhada ou Clusters conceptuais**

Podemos descrever um cluster como um conjunto de objectos que oferecem alguma propriedade. Os objectos de um cluster baseado no centro partilham a propriedade de estarem todos mais próximos de um centroide ou medóide semelhante. No entanto, a abordagem de propriedade partilhada incorpora adicionalmente novos tipos de agrupamento. Considere-se o agrupamento apresentado na figura. Uma área triangular (aglomerado) está ao lado de uma retangular e existem dois círculos entrelaçados (aglomerados). Em ambos os casos, um algoritmo de agrupamento necessitaria de um conceito específico de agrupamento para reconhecer estes agrupamentos de forma eficaz. A forma de descobrir esses agrupamentos é designada por Agrupamento concetual.

Extração de dados de texto

A extração de dados de texto pode ser descrita como o processo de extração de dados essenciais de textos em linguagem comum. Todos os dados que geramos através de mensagens de texto, documentos, e-mails e ficheiros são escritos em texto de linguagem comum. A extração de texto é utilizada principalmente para obter informações ou padrões úteis a partir desses dados.

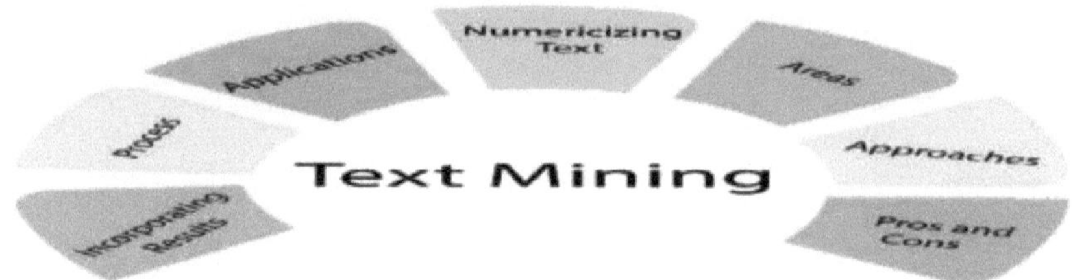

O mercado de extração de texto registou um crescimento e uma adoção exponenciais nos últimos anos e espera-se que venha a registar um crescimento e uma adoção significativos no futuro próximo. Uma das principais razões por trás da adoção da extração de texto é a maior concorrência no mercado empresarial, muitas organizações procuram soluções de valor acrescentado para competir com outras organizações. Com o aumento da conclusão do negócio e a mudança das perspectivas dos clientes, as organizações estão a fazer grandes investimentos para encontrar uma solução capaz de analisar os dados dos clientes e dos concorrentes para melhorar a competitividade. A principal fonte de dados são os sítios Web de comércio eletrónico, as plataformas de redes sociais, os artigos publicados, os inquéritos e muitos outros. A maior parte dos dados gerados não está estruturada, o que torna a sua análise difícil e dispendiosa para as organizações com a ajuda das pessoas. Este desafio, integrado no crescimento exponencial da geração de dados, levou ao crescimento das ferramentas analíticas. Estas ferramentas não só são capazes de lidar com grandes volumes de dados de texto, como também ajudam na tomada de decisões. O software de extração de texto permite ao utilizador extrair informações úteis de um enorme conjunto de fontes de dados disponíveis.

Áreas de extração de texto na extração de dados:

Estes são os seguintes domínios da extração de texto :

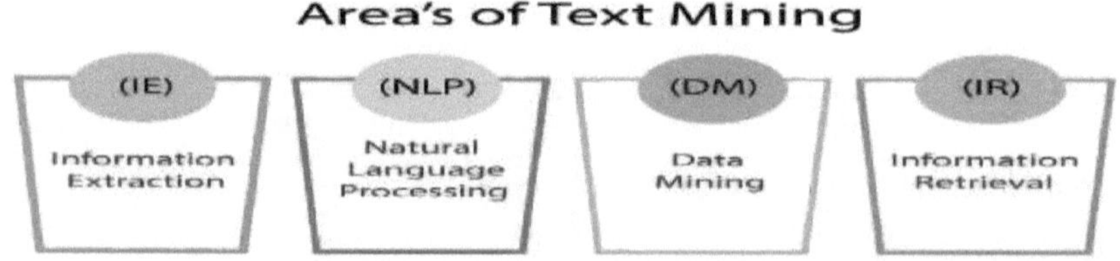

- **Extração de informação:**
A extração automática de dados estruturados, tais como entidades, relações entre entidades e

atributos que descrevem entidades a partir de uma fonte não estruturada, é designada por extração de informação.

- **Processamento de linguagem natural:**

PNL significa Processamento de linguagem natural. O software informático pode compreender a linguagem humana tal como ela é falada. A PNL é essencialmente uma componente da inteligência artificial (IA). O desenvolvimento da aplicação PNL é difícil porque os computadores esperam geralmente que os seres humanos "falem" com eles numa linguagem de programação que seja exacta, clara e excecionalmente estruturada. O discurso humano não é geralmente autêntico, pelo que pode depender de muitas variáveis complexas, incluindo o calão, o contexto social e os dialectos regionais.

- **Extração de dados:**

A prospeção de dados refere-se à extração de dados úteis e de padrões ocultos de grandes conjuntos de dados. As ferramentas de extração de dados podem prever comportamentos e tendências futuras que permitem às empresas tomar melhores decisões com base em dados. As ferramentas de extração de dados podem ser utilizadas para resolver muitos problemas empresariais que, tradicionalmente, eram demasiado morosos.

- **Recuperação de informação:**

A recuperação de informação diz respeito à recuperação de dados úteis a partir de dados armazenados nos nossos sistemas. Em alternativa, como analogia, podemos considerar os motores de busca que existem em sítios Web, como os sítios de comércio eletrónico ou quaisquer outros, como parte da recuperação de informação.

Processo de extração de texto:

O processo de extração de texto incorpora os seguintes passos para extrair os dados do documento.

- **Transformação de texto** Uma transformação de texto é uma técnica utilizada para controlar a capitalização do texto. Aqui são apresentadas as duas principais formas de representação de documentos.
1. Saco de palavras
2. Espaço Vetorial
- **Pré-processamento de texto:** O pré-processamento é uma tarefa importante e uma etapa crítica na extração de texto, no processamento de linguagem natural (PLN) e na recuperação de informação (RI). No domínio da extração de texto, o pré-processamento de dados é utilizado para extrair informações e conhecimentos úteis de dados de texto não estruturados. A recuperação de informação (RI) consiste em escolher os documentos de uma coleção que devem ser recuperados para satisfazer as necessidades do utilizador.
- **Seleção de caraterísticas:** A seleção de caraterísticas é uma parte importante da extração de dados. A seleção de caraterísticas pode ser definida como o processo de reduzir a entrada

de processamento ou de encontrar as fontes de informação essenciais. A seleção de caraterísticas é também designada por seleção de variáveis.

- **Extração de dados:** Nesta etapa, o procedimento de extração de texto funde-se com o processo convencional. Os procedimentos clássicos de extração de dados são utilizados na base de dados estrutural.

- **Avaliar:**

Em seguida, avalia os resultados. Quando o resultado é avaliado, o resultado é abandonado.

- **Aplicações:**

Estas são as seguintes aplicações de extração de texto:

- **Gestão de Riscos:** A gestão do risco é um procedimento sistemático e lógico de análise, identificação, tratamento e monitorização dos riscos envolvidos em qualquer ação ou processo nas organizações. Uma análise de risco insuficiente é normalmente uma das principais causas de desilusão. Isto é particularmente verdadeiro nas organizações financeiras, onde a adoção de um software de gestão de risco baseado na tecnologia de extração de texto pode efetivamente aumentar a capacidade de diminuir o risco. O software permite a administração de milhões de fontes e petabytes de documentos de texto, dando a capacidade de conectar os dados. Ajuda a aceder aos dados adequados no momento certo.

- **Serviço de atendimento ao cliente:** Os métodos de extração de texto, em especial a PNL, estão a adquirir uma importância crescente no domínio do atendimento ao cliente. As organizações estão a gastar em programação de análise de texto para melhorar a sua experiência geral, acedendo a dados textuais de diferentes fontes, como comentários de clientes, inquéritos, chamadas de clientes, etc. O principal objetivo da análise de texto é reduzir o tempo de resposta das organizações e ajudar a resolver as queixas dos clientes de forma rápida e produtiva.

- **Inteligência empresarial:** As empresas e os negócios começaram a utilizar estratégias de extração de texto como um aspeto importante da sua inteligência empresarial. Para além de fornecerem informações significativas sobre o comportamento e as tendências dos clientes, as estratégias de extração de texto também ajudam as organizações a analisar as qualidades e fraquezas dos seus adversários, dando-lhes uma vantagem competitiva no mercado.

- **Análise das redes sociais:** A análise dos meios de comunicação social ajuda a seguir os dados em linha e existem numerosas ferramentas de extração de texto concebidas especialmente para a análise do desempenho dos sítios dos meios de comunicação social. Estas ferramentas ajudam a monitorizar e a interpretar o texto gerado através da Internet a partir de notícias, e-mails, blogues, etc. As ferramentas de extração de texto podem analisar com precisão o número total de publicações, seguidores e número total de gostos da sua marca numa plataforma de redes sociais, o que lhe permite compreender a resposta dos indivíduos que estão a interagir com a sua marca e o seu conteúdo.

<u>Abordagens de extração de texto na extração de dados:</u>

Estas são as seguintes abordagens de extração de texto que são utilizadas na extração de dados.

1. Análise de associação baseada em palavras-chave:

Recolhe conjuntos de palavras-chave ou termos que ocorrem frequentemente em conjunto e, posteriormente, descobre a relação de associação entre eles. Em primeiro lugar, pré-processa os dados de texto através de análise, stemização, remoção de palavras de paragem, etc. Uma vez pré-processados os dados, induz algoritmos de extração de associações. Neste caso, não é necessário esforço humano, pelo que o número de resultados indesejados e o tempo de execução são reduzidos.

2. Análise de classificação de documentos:

Classificação automática de documentos:

Esta análise é utilizada para a classificação automática de um grande número de documentos de texto em linha, como páginas Web, mensagens de correio eletrónico, etc. A classificação de documentos de texto é diferente da classificação de dados relacionais, uma vez que as bases de dados de documentos não estão organizadas de acordo com pares de valores de atributos.

Texto numérico de zing:

• **Algoritmos de stemização** Uma etapa importante de pré-processamento antes da ordenação dos documentos de entrada começa com a stemização das palavras. O termo "stemming" pode ser definido como uma redução das palavras às suas raízes. Por exemplo, diferentes formas gramaticais de palavras e ordenadas são a mesma coisa. O objetivo principal do stemming é garantir que o programa de extração de texto utilize palavras semelhantes.

• **Suporte para diferentes línguas:** Existem algumas operações altamente dependentes da língua, tais como o stemming, os sinónimos e as letras que são permitidas nas palavras. Por conseguinte, o suporte para várias línguas é importante.

• **Excluir um determinado carácter:** A exclusão de números, caracteres específicos ou séries de caracteres, ou palavras mais curtas ou mais longas do que um determinado número de letras, pode ser efectuada antes da ordenação dos documentos de entrada.

• **Listas de inclusão, listas de exclusão (stop-words):** É possível caraterizar uma determinada lista de palavras a listar, o que é útil quando se pretende procurar uma palavra específica. Também classifica os documentos de entrada com base nas frequências com que essas palavras ocorrem. Adicionalmente, podem ser caracterizadas "stop words", ou seja, termos que devem ser rejeitados da ordenação. Normalmente, uma lista predefinida de palavras de paragem em inglês inclui "the", "a", "since", etc. Estas palavras são utilizadas na respectiva língua com muita frequência, mas comunicam muito poucos dados no documento.

Mineração de dados Bitcoin

A mineração de Bitcoin refere-se ao processo de autenticação e adição de registos transaccionais ao livro-razão público. O registo público é conhecido como a cadeia de blocos (blockchain) porque inclui uma cadeia de blocos.

Antes de entendermos o conceito de mineração de Bitcoin, devemos entender o que é Bitcoin. **Bitcoin** é dinheiro virtual com algum valor, e seu valor não é estático, ele varia de acordo com o tempo. Não existe um órgão regulador de Bitcoin que regule as transações de Bitcoin.

Vamos entender o conceito de bitcoin com um exemplo. O diretor da empresa pega numa coisa fictícia e anuncia que quem ficar com essa coisa será o empregador mais feliz da organização e receberá um bilhete de férias internacional. Assim, toda a gente tenta comprar essa coisa fictícia que não tem valor e, desta forma, esta coisa fictícia terá algum valor, que pode situar-se entre 10\$ e 20\$ ou qualquer outra coisa. Podemos relacionar estas coisas com a Bitcoin se o número de compradores de Bitcoin aumentar, então o valor da Bitcoin também aumenta até um valor saturado, depois pára.

A Bitcoin foi criada sob o pseudónimo (nome falso) **Satoshi Nakamoto**, que anunciou a invenção, e mais tarde foi implementada como código-fonte aberto. A Bitcoin é uma prática de rede que permite que as pessoas transfiram direitos patrimoniais sobre unidades de conta chamadas **Bitcoin's**, fabricadas em quantidade limitada. Quando um indivíduo envia um par

de bitcoins a outro indivíduo, estes dados são comunicados à rede bitcoin **peer-to-peer**.
Esta tecnologia é semelhante à compra de algo com moeda virtual. No entanto, uma vantagem das Bitcoins é o facto de o acordo não ser identificado. A identidade pessoal do remetente e do beneficiário (destinatário) permanece encriptada. Esta é a principal razão pela qual se tornou uma forma fiável de transação de dinheiro na Web. Por convenção, a complexidade de fazer dinheiro distribuído é a exigência de uma proposta para evitar gastos duplos. Um indivíduo pode transmitir simultaneamente duas transacções, enviando moedas semelhantes a duas partes distintas na rede. O Bitcoin resolve esta dificuldade e garante o acordo de direitos mantendo um registo comunitário de todas as transacções, chamado blockchain. As novas transacções são agrupadas mutuamente e são comparadas com o registo existente para garantir que todas as novas comunicações são válidas. A exatidão da Bitcoin é assegurada por indivíduos que dão autoridade de computação ao seu sistema, conhecidos como mineiros, para validar e afixar transacções num livro-razão público.

As bitcoins não existem fisicamente e são apenas um conjunto de dados virtuais. Podem ser trocadas por dinheiro genuíno e são amplamente aceites na maioria dos países do mundo. Não existe uma autoridade central para as Bitcoins, semelhante a um banco central (RBI na Índia) que controla a política monetária. Em alternativa, os programadores resolvem puzzles complexos para suportar as transacções de Bitcoin. Este processo é chamado de **mineração de Bitcoin**.

Como minerar Bitcoins:

Trata-se de um processo bastante complexo, mas se o quiser fazer diretamente, eis o processo de funcionamento. É necessário obter uma CPU (Unidade Central de Processamento) com excelente poder de processamento e uma interface web rápida. No próximo passo, existem inúmeras redes online que listam as últimas transacções de Bitcoin que ocorrem em tempo real. Posteriormente, o cliente Bitcoin entra na rede e tenta aprovar essas transacções através da avaliação de blocos de dados, chamados **hash**. Agora, a comunicação passa por vários sistemas, chamados **nós**, que são simplesmente blocos de dados e, como os dados são codificados, é necessário um mineiro para verificar se as suas respostas são exactas.

Trata-se de um processo bastante complexo, mas se o quiser fazer diretamente, eis o processo de funcionamento. É necessário obter uma CPU (Unidade Central de Processamento) com excelente poder de processamento e uma interface web rápida. No próximo passo, existem inúmeras redes online que listam as últimas transacções de Bitcoin que ocorrem em tempo real. Posteriormente, o cliente Bitcoin entra na rede e tenta aprovar essas transacções através da avaliação de blocos de dados, chamados hash. Agora, a comunicação passa por vários sistemas, chamados nós, que são simplesmente blocos de dados e, como os dados são codificados, é necessário um mineiro para verificar se as suas respostas são exactas.

Como funciona a mineração de Bitcoin:

A mineração de Bitcoin requer uma tarefa que é excecionalmente complicada de executar, mas simples de verificar. Utiliza criptografia, com uma função de hash chamada double SHA-256 (uma função unidirecional que converte um texto de qualquer dimensão numa cadeia de 256 bits). Um hash aceita uma porção de dados como entrada e reduz a mesma a um valor de hash mais pequeno (256 bits). Com um hash criptográfico, não há outra opção para obter o valor de hash que queremos sem tentar uma tonelada de fontes. Quando encontramos uma entrada que dá o valor que queremos, é uma tarefa simples para qualquer pessoa validar o hash. Assim, o hashing criptográfico torna-se num método decente para aplicar a "Prova de trabalho" da Bitcoin (dados que são complexos de produzir mas fáceis de verificar por outros).

Se considerarmos um bloco para minerar primeiro, precisamos de reunir as novas transacções num bloco e, em seguida, fazemos o hash do bloco para formar um valor de hash de bloco de 256 bits. Quando o hash começa com zeros suficientes, o bloco foi minerado com sucesso e é direcionado para a rede Bitcoin, e isso se tornou o identificador do bloco. Em muitos casos, o hash não é bem-sucedido, então precisamos alterar o bloco até certo ponto e tentar de novo e de novo.

Transação de Bitcoin:

Uma transação Bitcoin é uma secção de dados que é transmitida à rede e que, se for válida, acaba num bloco da cadeia de blocos (blockchain). O conceito de uma transação Bitcoin consiste em transferir a responsabilidade de uma quantidade de endereços Bitcoin.

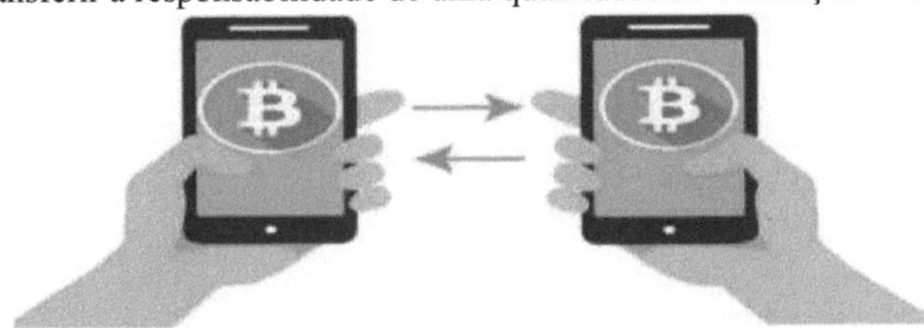

Quando enviamos Bitcoin, uma estrutura de dados individual, nomeadamente uma transação Bitcoin, é criada pelo cliente da sua carteira e depois comunicada para retransmitir a transação. Se a operação for válida, os nós irão incorporá-la no bloco que estão a minerar, dentro de 10-20 minutos, a transação será incluída, juntamente com outras transacções, num bloco da cadeia de blocos. Finalmente, o recetor pode ver o montante da transação na sua carteira.

Alguns factos sobre as transacções:

- O montante de Bitcoin que enviamos é sempre enviado para um endereço específico.
- O montante de Bitcoin que recebemos é bloqueado para o endereço de receção, que está associado à nossa carteira.

• Sempre que gastamos Bitcoin, o montante que gastamos provém consistentemente de fundos recebidos anteriormente e atualmente presentes na nossa carteira.

• Os endereços recebem Bitcoin, mas não enviam Bitcoin, este é enviado a partir de uma carteira.

Diferença entre Big Data e Data Mining

Big Data: São dados enormes, grandes ou volumosos, informações ou estatísticas relevantes adquiridas pelas grandes organizações e empreendimentos. Muitos softwares e armazenamentos de dados foram criados e preparados, pois é difícil computar os grandes dados manualmente. É utilizado para descobrir padrões e tendências e tomar decisões relacionadas com o comportamento humano e a tecnologia de interação.

Extração de dados: A extração de dados é uma técnica que permite extrair informações e conhecimentos importantes e vitais de um enorme conjunto/bibliotecas de dados. Obtém-se uma visão geral através da extração, análise e processamento cuidadosos de dados enormes para descobrir padrões e relações que podem ser importantes para a empresa. É análogo à extração de ouro, em que o ouro é extraído de rochas e areias.

Segue-se uma tabela com as diferenças entre Big Data e Data Mining:

Extração de dados	Grandes volumes de dados
Trata-se de um dos métodos na linha de produção de Big Data.	O Big Data é uma técnica de recolha, manutenção e processamento de informações de grande dimensão. Explica a relação entre os dados.
A extração de dados é uma parte da descoberta de conhecimentos dos dados. Trata-se de uma visão de perto dos dados.	Trata-se de extrair as informações vitais e valiosas de uma enorme quantidade de dados. É uma técnica de rastreio e descoberta de tendências de conjuntos de dados complexos. Trata-se de uma visão geral ou alargada dos dados.
O objetivo é o mesmo que o Big Data, uma vez que é uma das ferramentas do Big Data.	O objetivo é tornar os dados mais vitais e utilizáveis, ou seja, extrair apenas as informações importantes dos enormes dados dentro dos aspectos tradicionais existentes.
A sua natureza é tanto manual como automatizada.	É apenas automatizado, uma vez que a computação de grandes volumes de dados é difícil.
Centra-se apenas numa única forma de dados, ou seja, estruturados.	Concentra-se e trabalha com todas as formas de dados, ou seja, estruturados, não estruturados ou semi-estruturados.
É utilizada para criar determinadas informações comerciais. A extração de dados é um gestor da mina.	É utilizado principalmente para fins comerciais e para a satisfação dos clientes. O Big Data é uma mina.
Trata-se de um subconjunto de Big Data, ou seja, uma das ferramentas.	Trata-se de um superconjunto de extração de dados.
Trata-se de uma ferramenta que permite extrair informações vitais de um grande volume de dados. Os dados podem ser	Está mais relacionado com os processos de tratamento de dados volumosos. Os dados só podem ser grandes.

grandes ou pequenos.	

Modelos de extração de dados

A extração de dados utiliza dados em bruto para extrair informações e apresentá-las de forma única. O processo de extração de dados encontra-se normalmente na mais diversa gama de aplicações, incluindo estudos de business intelligence, previsão de modelos políticos, previsão de classificações na Web, previsão de modelos de padrões meteorológicos, etc. Nos estudos de business intelligence, os peritos empresariais exploram enormes conjuntos de dados relacionados com uma operação comercial ou um mercado e tentam descobrir tendências e relações anteriormente não reconhecidas. A extração de dados também é utilizada em organizações que utilizam grandes volumes de dados como fonte de dados em bruto para extrair os dados necessários.

O que são modelos de extração de dados?

Um modelo de extração de dados refere-se a um método que normalmente se utiliza para apresentar as informações e as várias formas de as aplicar a questões e problemas específicos. De acordo com os especialistas, o modelo de regressão de extração de dados é o modelo de extração de dados mais utilizado. Neste processo, um perito em extração de dados começa por analisar os conjuntos de dados e cria uma fórmula que os define. Vários analistas do mercado financeiro utilizam este modelo para fazer previsões relacionadas com os preços e as tendências do mercado.

Outro modelo de extração de dados importante baseia-se na regra de associação. Em primeiro lugar, os analistas de extração de dados analisam os conjuntos de dados para descobrir quais os componentes que normalmente aparecem juntos. Quando descobrem que dois componentes são emparelhados simultaneamente, assumem que existe alguma relação entre eles. Por exemplo, uma loja de eletrónica pode descobrir que os consumidores compram frequentemente um marcador e uma caneta ao mesmo tempo que compram um livro. Um gestor de loja pode utilizar a informação detalhada do modelo de extração de dados para aumentar as vendas, apresentando todos os produtos relacionados no mesmo local.

Tipos de modelos de extração de dados

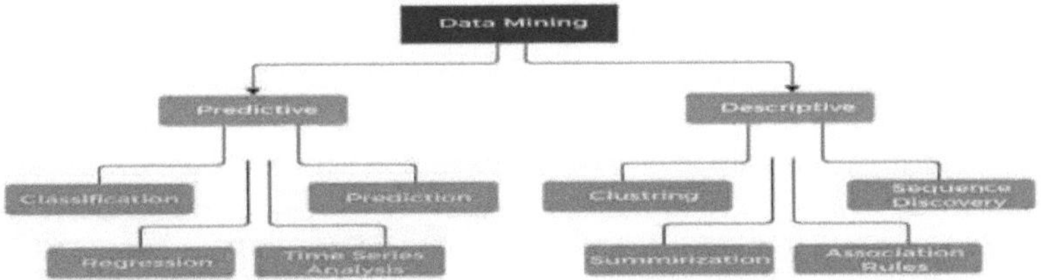

1. Modelos preditivos de extração de dados
2. Modelos descritivos de extração de dados

Modelos de extração de dados preditivos

Um modelo preditivo de extração de dados prevê os valores dos dados utilizando resultados conhecidos recolhidos de diferentes conjuntos de dados. A modelação preditiva não pode ser classificada como uma disciplina separada; ocorre em todas as organizações ou indústrias em todas as disciplinas. O principal objetivo dos modelos preditivos de extração de dados é prever o futuro com base nos dados passados, geralmente, mas nem sempre, na modelação estatística.

A modelação preditiva é utilizada nas indústrias de cuidados de saúde para identificar doentes de alto risco com insuficiências cardíacas congestivas, hipertensão arterial, diabetes, infecções, cancro, etc. Também é utilizada na companhia de seguros de automóveis para atribuir o risco de acidentes ao titular da apólice.

Um modelo de previsão de uma tarefa de extração de dados inclui classificação, regressão, previsão e análise de séries temporais. O modelo preditivo da extração de dados é também designado por regressão estatística. Refere-se a uma técnica de aprendizagem de monitorização que inclui uma explicação da dependência dos valores de alguns atributos em relação ao valor de outros atributos no mesmo produto e o crescimento de um modelo que pode prever os valores destes atributos em casos anteriores.

Classificação:

Na extração de dados, a classificação refere-se a uma forma de análise de dados em que um modelo de aprendizagem automática atribui uma categoria específica a uma nova observação. Baseia-se no que o modelo aprendeu com os conjuntos de dados. Por outras palavras, a classificação é o ato de atribuir objectos a muitas categorias predefinidas.

Um exemplo de classificação no sector dos serviços bancários e financeiros é identificar se as transacções são fraudulentas ou não. Da mesma forma, a aprendizagem automática também pode ser utilizada para prever se um pedido de empréstimo será aprovado ou não.

Regressão:

A regressão refere-se a um método que verifica o valor dos dados para uma função. Geralmente, é utilizado para dados apropriados.

Um modelo de regressão linear no contexto da aprendizagem automática ou da estatística é basicamente uma abordagem linear para modelar as relações entre a variável dependente, conhecida como resultado, e a sua variável independente, conhecida como caraterísticas.

Se o seu modelo tiver apenas uma variável independente, chama-se regressão linear simples, caso contrário chama-se regressão linear múltipla.

Tipos de regressão

1. Regressão Linear:

A regressão linear está relacionada com a procura da linha óptima que se ajusta aos dois atributos, de modo a que, com a ajuda de um atributo, possamos prever o outro.

2. Regressão multi-linear

A regressão multi-linear inclui dois ou mais atributos e os dados são ajustados a um espaço multi-dimensional.

Previsão:

Na extração de dados, a previsão é utilizada para identificar o valor dos dados com base na descrição de outro valor de dados correspondente. A previsão na extração de dados é conhecida como previsão numérica. Geralmente, a análise de regressão é utilizada para a previsão. Por exemplo, na deteção de fraudes com cartões de crédito, é necessário analisar o histórico de dados da utilização do cartão de crédito de uma determinada pessoa. Se for detectado um padrão anormal, este deve ser comunicado como "ação fraudulenta".

Análise de séries cronológicas:

A análise de séries cronológicas refere-se aos conjuntos de dados baseados no tempo. Serve como uma variável independente para prever a variável dependente no tempo.

Modelo descritivo

Um modelo descritivo diferencia os padrões e as relações nos dados. Um modelo descritivo não tenta generalizar para uma população estatística ou um processo aleatório. Um modelo preditivo tenta generalizar para uma população ou processo aleatório. Os modelos preditivos devem fornecer intervalos de previsão e devem ser objeto de validação cruzada; ou seja, devem provar que podem ser utilizados para fazer previsões com dados que não foram utilizados na construção do modelo.

A análise descritiva centra-se no resumo e na conversão dos dados em informações úteis para a elaboração de relatórios e a monitorização.

Agrupamento:

O agrupamento consiste em agrupar um conjunto de objectos de modo a que os objectos do mesmo grupo, designado por cluster, sejam mais semelhantes do que os dos clusters de outros grupos.

Regras de associação:

As regras de associação determinam uma relação causal entre grandes conjuntos de objectos de dados. O algoritmo funciona da seguinte forma: o utilizador tem. Por exemplo, uma lista de artigos comprados no supermercado nos últimos seis meses e calcula a percentagem de artigos comprados em conjunto.

Sequência:

A sequência refere-se à descoberta de padrões úteis nos dados em relação a algum objetivo de interesse.

Resumo:

O resumo contém um conjunto de dados de forma mais aprofundada e fácil de compreender.

<u>**Tendências na extração de dados**</u>

As empresas que demoraram a adotar o processo de extração de dados estão agora a recuperar o atraso em relação às outras. A extração de informações importantes através do processo de extração de dados é amplamente utilizada para tomar decisões comerciais críticas. É de esperar que, na próxima década, a extração de dados se torne tão omnipresente como algumas das tecnologias mais utilizadas atualmente. Os conceitos de extração de dados ainda estão a evoluir, e aqui estão as últimas tendências, tais como:

1. Exploração de aplicações

A extração de dados é cada vez mais utilizada para explorar aplicações noutras áreas, como a análise financeira, as telecomunicações, a biomedicina, a segurança sem fios e a ciência.

2. Extração de dados multimédia

Trata-se de um dos métodos mais recentes que está a ganhar terreno devido à capacidade crescente de captar dados úteis com precisão. Envolve a extração de dados de diferentes tipos de fontes multimédia, como áudio, texto, hipertexto, vídeo, imagens, etc. Os dados são convertidos numa representação numérica em diferentes formatos. Este método pode ser utilizado em agrupamentos e classificações, para efetuar verificações de semelhança e identificar associações.

3. Extração de dados ubíqua

Este método envolve a extração de dados de dispositivos móveis para obter informações sobre indivíduos. Apesar de ter vários desafios neste tipo, como a complexidade, a privacidade, o custo, etc., este método tem muitas oportunidades para ser enorme em várias indústrias, especialmente no estudo das interações homem-computador.

4. Extração de dados distribuída

Este tipo de extração de dados está a ganhar popularidade porque envolve a extração de uma enorme quantidade de informação armazenada em diferentes locais da empresa ou em diferentes organizações. São utilizados algoritmos altamente sofisticados para extrair dados de diferentes locais e fornecer informações e relatórios adequados com base nos mesmos.

5. Extração de dados incorporados

As funcionalidades de extração de dados estão cada vez mais presentes em muitos casos de utilização de software empresarial, desde a previsão de vendas em plataformas CRM SaaS até à deteção de ciberameaças em sistemas de deteção/prevenção de intrusões. A incorporação da extração de dados em aplicações de software para mercados verticais permite capacidades de previsão para qualquer número de indústrias e abre novos domínios de possibilidades para a criação de valor único.

6. Extração de dados geográficos e espaciais

Este novo tipo de prospeção de dados em voga inclui a extração de informações de dados ambientais, astronómicos e geográficos, incluindo imagens tiradas do espaço exterior. Este tipo de extração de dados pode revelar vários aspectos, como a distância e a topologia, que são principalmente utilizados em sistemas de informação geográfica e noutras aplicações de navegação.

7. Extração de dados de séries temporais e sequências

A principal aplicação deste tipo de extração de dados é o estudo de tendências cíclicas e sazonais. Esta prática também é útil na análise de eventos aleatórios que ocorrem fora da série normal de eventos. As empresas de retalho utilizam este método principalmente para aceder aos padrões e comportamentos de compra dos clientes.

8. Domínio da extração de dados nos sectores farmacêutico e dos cuidados de saúde

Tanto o sector farmacêutico como o dos cuidados de saúde há muito que são inovadores na categoria da extração de dados. O recente e rápido desenvolvimento de vacinas contra o coronavírus é diretamente atribuído aos avanços nas técnicas de extração de dados de testes farmacêuticos, especificamente a deteção de sinais durante o processo de ensaio clínico de novos medicamentos. Nos cuidados de saúde, estão a ser utilizadas técnicas especializadas de extração de dados para analisar sequências de ADN para criar terapias personalizadas, fazer diagnósticos mais bem informados e muito mais.

9. Aumento da automatização na extração de dados

As soluções actuais de extração de dados integram normalmente o ML e os armazenamentos de grandes volumes de dados para fornecer funcionalidades avançadas de gestão de dados, juntamente com técnicas sofisticadas de análise de dados. As anteriores encarnações da extração de dados envolviam a codificação manual por especialistas com conhecimentos profundos de estatística e programação. As técnicas modernas são altamente automatizadas, com a IA/ML a substituir a maioria destes processos anteriormente manuais para desenvolver algoritmos de descoberta de padrões.

10. Consolidação de fornecedores de exploração de dados

Se a história é alguma indicação, a consolidação significativa de produtos no espaço de extração de dados é iminente, uma vez que os grandes fornecedores de bases de dados adquirem startups de ferramentas de extração de dados para aumentar as suas ofertas com novas funcionalidades. O atual mercado fragmentado e uma vasta gama de intervenientes na extração de dados assemelham-se ao panorama adjacente dos fornecedores de grandes volumes de dados, que continua a sofrer uma consolidação.

11. Extração de dados biológicos

A extração de sequências de ADN e de proteínas, a extração de dados de microarranjos de alta dimensão, a análise de vias e redes biológicas, a análise de ligações em dados biológicos heterogéneos e a integração de informações de dados biológicos através da extração de dados são tópicos interessantes para a investigação em matéria de extração de dados biológicos.

Livros de referência e sítios Web

Jiawei Han, Micheline Kamber, Jian Pei 2012, "Data Mining Concepts and Techniques", British Library Cataloguing-in-Publication, EUA.

Pang-NingTan, Michael teinbach, Vipin Kumar, "Introduction to Data Mining" Pearson Education Limited, EUA.

https://www.javatpoint.com/data-mining-cluster-vs-data-warehousing

https://www.topcoder.com/thrive/articles/data-warehousing-and-data-mining

https://www.geeksforgeeks.org/difference-between-data-warehousing-and-data-mining/

Printed by Books on Demand GmbH, Norderstedt / Germany